レイアウトに使える水草
500種図鑑

スタンダードからニューフェイスまで！レイアウター必携の一冊

高城邦之 著

エムピージェー

CONTENTS

表紙写真／石渡俊晴
表紙デザイン／スタジオ B4

レイアウトに使える水草図鑑

はじめに

〜それぞれの長所を伝えたい〜

　水草なら何でも好きだ。ジャンルによる好き嫌いというものが著者にはない。原種でも改良品種でもどちらでも好き。原種はいいけど改良品種はちょっとね、みたいなこだわりがない。日本産でも外国産でも、ロゼットでも有茎でも、陰性でも陽性でも、安物でも高級品でも、入門種でも珍種でも、ましてや、浮遊植物でも浮葉植物でも抽水植物でも、水草と名の付くものなら何でもありだ。

　ほかのことでは、嫌いなものはいくらでもあるのだが、こと水草に関してはそれがない。節操がないと言われればそれまでだが、好き嫌いなく育てることは、結果的にためになることが大きかった。広範囲に知見を得ることにより、ぼんやりとではあるが全体像を掴むことが可能となり、育ててれば育てるほどに、うまくいくという経験につながっていった。

　亡くなった母は、幼い子供たちに、生き物に対するネガティブな発言をしない人だった。ヘビが嫌いとか、虫が気持ち悪いとか、絶対に言わなかった。本当は苦手なものがあったらしいが、子供のために隠していた。そのお陰で、こちらは生き物全般にマイナスのイメージを持つことなく育った。主人公の女の子が助けたツバメと旅をして、いろいろなどうぶつとなかよしになる、という内容の、マルタ・コチという作家の絵本を、よく読んでくれたことも思い出す。生き物と仲良くなることは楽しいことだった。

　本書を執筆する際に心掛けたのは、ポジティブな解説をするということ。その水草の優れた点、美しい点、それを引き出す方法を伝えるようにしてある。短所をあげたほうが簡単だろうということもあったが、それはしないことにした。あっちよりもこっちの方がいい、という書き方も避けた。一方のために他方が下がってしまうからだ。当たり前のことだが、どの水草にも必ず長所がある。それを伝え、ひとつでも興味を持ってもらい、ひとつでも多く育ててもらうことが著者の望みである。

高城邦之

水草レイアウトの楽しみ方

本書で紹介する水草は実に500種類。
どの水草を使ってレイアウトするのか、そしてどう楽しむかはあなた次第。
代表的なスタイルを知り、レイアウトのヒントにしてみよう

有茎草中心の
レイアウト

多様な姿形、色とりどりの有茎草を使うのはレイアウトの花形だ。華やかな熱帯魚との相性もよく、誰が見ても美しいと感じる魅力がある。有茎草は生長が早いため、レイアウトの仕上がりが早いだけでなく、刻々と変化する水景を楽しむことができる

レイアウト制作／丸山高広　撮影／石渡俊晴

ロゼット型中心
のレイアウト

コンテスト系のレイアウトでは使用頻度の低い水草にも、魅力的な種類は多くある。それらを活かしたレイアウトスタイルのひとつ。ロゼット型の水草は、じっくりと時間をかけて生長するため、月日が経つほどに存在感に厚みが出てくる

レイアウト制作／
高城邦之（市ヶ谷フィッシュセンター）
撮影／石渡俊晴

インテリアで楽しむ

水草で美しくレイアウトされた水槽は、それだけで芸術性の高い存在。近年では、インテリアとしても注目度が高まっている。水槽のサイズを変えて、部屋にマッチする水草レイアウトを作ってみよう（神奈川県・長谷川さん宅　レイアウト制作／アクアリンク　撮影／橋本直之）

オープンスタイルで楽しむ

私たちが屋外の自然で水草を観察するときは、水の上から眺めることが普通だ。その状態を水槽で再現できる楽しみ方が、オープンスタイル。浮葉や気中葉、時には花を観察することもでき、水草の持つ多様性を感じられるのが醍醐味

レイアウト制作／神田 亮（リミックス）　撮影／石渡俊晴

グラスアクアリウムで楽しむ

テレビ番組などで紹介され、最近様々な場所で見る機会が増えているのがグラスアクアリウム。身近なガラス容器などでも手軽に始められるため、初めて水草に触れる人に人気。本格的に作り込むと、写真のように見事な作品を作ることもできる

レイアウト制作／吉原将史（AQUARIUM SHOP Breath）
撮影／石渡俊晴

水草育成に必要なグッズ

最適なグッズを揃えれば、水草を育てることは思ったよりも簡単。
ここでは水槽や底床材などの基本的なものや、
ピンセットや接着剤など、あると便利なグッズを紹介しよう

水槽

美しいレイアウトを楽しむには、水槽にもこだわりたいもの。枠無し水槽やカラーガラスを
採用したタイプなど、水草がより映える水槽がリリースされている

キューブガーデン（ADA）
水景を美しく、クリアに見せることにこだわった高品質
クリアガラスを採用

グラステリア LX450 アーバンブラック（ジェックス）
背面、側面に黒の高品質カラーガラスを採用し、水景に深みを
生み出す新感覚水槽

フィルター

フィルターは水質浄化の他、適度な水流によって水草
が好む環境の維持に役立つ。CO_2 の添加効率や、ろ過
能力の高さなどを考慮すると、外部式フィルターが使
い勝手がよくおすすめ

ライト

光合成によって生長する水草にとって、光の供給は
必要不可欠。最近では水草に適した LED ライトが普
及し、育成にもプラスに。水槽サイズに合ったもの
をセレクトしよう

CLEAR LED POWER Ⅲ 450（ジェックス）
3色パワー LED により水草を色濃く、くっきりと見せる、
明るさが際立つ LED ライト

**スーパージェット
フィルター
ES-1200（ADA）**
高機能とデザイン性にこだ
わった、水草レイアウトに
適したスペックを誇る外部
式フィルター

**メガパワー 6090
（ジェックス）**
水中モーターを採用し、静音
性やメンテナンス性、ろ過能
力を向上させた、高品質の外
部式フィルター

ソーラー RGB（ADA）
水草の健康的な生長はもちろん、鮮やかで美しい発色にも
こだわったニュータイプの LED ライト

底床材

水草の多くは底床に根を張ることで健康に生長できるため、底床材はとても重要なアイテム。多くの種類に適したソイルと呼ばれる土を加工した底床材が万能で使いやすい

アクアソイル - アマゾニア（ADA）

水草の根の生長を促す有機酸と栄養成分を豊富に含む。弱酸性の水質を好む水草に最適

水草一番サンド（ジェックス）

水草に必要な養分（ヨウリン酸、硫酸カリ）を配合。バクテリアが定着しやすく、クリアな水を実現

リベラソイル（デルフィス）

窒素成分や微量元素などを豊富に含有。根が張りやすく、水草が長期間いきいきと育つ

CO2 添加器具

水草が生長するために行なう光合成には、CO2（二酸化炭素）が必要となる。水草をたくさん育成するレイアウト水槽では、専用のグッズを使って CO2 を強制的に添加し、光合成を促すのが効果的

CO2 アドバンスシステム - フォレスト（ADA）

CO2 ボンベやレギュレーター、耐圧チューブなど CO2 添加に必要な器具が揃った、すぐに添加が始められるキット

コンディショナー

光や CO2 の添加だけでなく、必須栄養素や必須微量元素も水草の育成には大切な要素。上手に添加すれば、より健康に美しく育てることができる

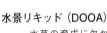

水景リキッド（DOOA）

水草の育成に欠かせない各種栄養素をバランスよく含有

ソイルガン（デルフィス）

水草に必要な栄養分を底床材（ソイル）に直接注入し、根から補給

グリーンブライティ・ニトロ（ADA）

窒素分の添加により水草の葉色が濃くなり、生長が促進される

便利グッズ

水草レイアウトを作る際にあると便利なグッズをピックアップ。定番のハサミやピンセットの他、最近は活着に便利な接着剤なども人気

プロシザース・ウェーブ（ADA）

独特の湾曲が機能的な、トリミングに適した万能タイプのハサミ

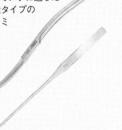

プロピンセット（ADA）

バネの強度や先端部の精度、長さにもこだわったプロ仕様の水草専用ピンセット

クィックジェル 淡水（デルフィス）

水分と反応して瞬間的に硬化する接着剤。活着する水草を流木や石などに瞬時に固定できる

流木ホルダー（デルフィス）

流木を水槽の壁面に取り付けることが可能な吸盤タイプの固定器具。より複雑で立体的なレイアウトが可能に

スタンディ 120（ジェックス）

冬季の保温に。縦横自由に設置できる 26℃の温度固定式ヒーター。空焚き検知温度センサー搭載で安全にも配慮

レイアウトの主役になる！
人気の水草オールスターズ

ここでは最近注目されている人気の水草をピックアップ。ヨーロッパ発、アジア発、
なかには日本発の水草もあるが、共通しているのは、「育て易い」「レイアウトに使い易い」ことで、
個性的でありながらも、世界中の誰が見ても美しいと思える普遍的な魅力を持ち合わせていることなのだ。
あなたならどの水草でレイアウトしてみる？

掲載水草 12 種類：001 ～ 012 / 500種

前景向き

世界中を覆いつくす
今世紀最大のヒット前景草！

ニューラージパールグラス

Micranthemum tweediei

アゼナ科
分布：南米
光量：□　CO₂量：●　底床：▲ ▲

沈水葉は広卵形から円形で、長さ5～
6mm、幅3～5mm、明るい緑色。分枝
を繰り返しながら、這うように生長して
いく。強光、CO₂の添加があれば育成は
容易。気難しい点はないが、水換えを怠
っていると調子を崩す。2010 年にアルゼ
ンチンから日本へ入り、その後、緑の絨
毯の作り易さから瞬く間に世界中に拡散。
前景はもちろん、ちょっとした隙間を埋め
るのにもよい

前景向き　這わせても
　　　　　伸ばしてもイケる前景草

オーストラリアン・ドワーフヒドロコティレ

Hydrocotyle tripartita

ウコギ科
別名：オーストラリアンドワーフハイドロコタイル
分布：不明（オーストラリア、ニュージーランド）
光量：□ □　CO₂量：● ●　底床：▲

オーストラリア産といわれているが詳細は不明。日本から広ま
ったこともあり、海外では *Hydrocotyle* sp. 'Japan' と呼ばれる
こともある。深く入る切れ込みが特徴。育成は容易だが、前景
をびっしり覆うには、高光量と、それに見合った CO₂ の添加
が必要。旺盛に生長するので、こまめにトリミングをしないと
伸びすぎる。光を弱め敢えて伸ばして使うのもありだろう

アジア産前景の新定番。
早すぎない生長がいいね！

スキスマトグロティス・プリエトイ

Schismatoglottis prietoi

サトイモ科／分布：フィリピン
光量：□　CO$_2$量：●　底床：▲ ▲

葉は卵形から、狭または広矩形状卵形、またはやや狭い楕円形で、長さ3～4（～7.5）cm、幅1～2cm、葉縁は強く波打つ。全体の高さは2～8cm、水槽内では4～5cmに。育成、増殖ともに容易で、前景草として使うことも可能。また、本種の登場により、アジア産で揃えたレイアウトが作り易くなった。現地では大きな水中群落を作っており、水槽で再現してもおもしろい

中～後景向き ベトナム産まれの赤いロタラ、
レイアウトで燃え上がる！

ロタラ・ロトゥンディフォリア・'ハラ'

Rotala rotundifolia 'H'Ra'

ミソハギ科／別名：*Rotala* 'Gia Lai'（ロタラ 'ザライ'）
分布：ベトナム
光量：□　CO$_2$量：●　底床：▲ ▲

ベトナムのザライ省ハラ村が産地の濃いオレンジから赤色のバリエーション。葉が細く、分岐もしやすく、上から下へと這わせることもできるという、人気の要素を兼ね備えた種類。さらに発色が容易というのも、世界的なヒットの要因に。真っ赤なアクセントを狙ったところに配置できるというのはうれしい。大型から小型まで幅広い水槽サイズに重宝されている

中～後景向き 君は見たか⁉
スパイキーの群生美を

ロタラ・ロトゥンディフォリア・'スパイキー'

Rotala rotundifolia 'spikey'

ミソハギ科／分布：インド
光量：□□　CO$_2$量：● ●　底床：▲ ▲

赤味を帯びる茎と、目を引く鮮やかなグリーンとの対比が魅力的。まさに、アラグアイアミズマツバをロトンジにしたらこうなったという感じで、緑の葉と赤い茎の美しい組み合わせはそのままに、ロトンジらしい育てやすさを備え持つ。分枝を旺盛に繰り返し、細い葉を茂らせていくレイアウトに適した種類だ。本種の茂みには万人受けする、世界標準たりうる美しさがある

中～後景向き さらに赤くもっと赤く！
強烈な赤とサイズ感がまさに今時

ルドウィギア・'スーパーレッド'

Ludwigia 'Super Red'

アカバナ科 ／ 改良品種
光量：□□　CO$_2$量：● ●　底床：▲ ▲

初めはタイで発表された改良品種。パルストリスやレペンスのように条件に左右されず、赤味が出やすい。しかも、好条件下では紫に近いような濃い赤になる。そのため、近年になって急速に世界中へ普及した。やや小振りなサイズも人気の理由。大型水槽での緻密なレイアウトでも、もちろん小型水槽でも活躍する使い勝手のよさは、赤系水草のなかでも抜きん出ている

後景向き 後景で安定感抜群！
クリプト界のニューフェイス

クリプトコリネ・シヴァダサニィ

Cryptocoryne sivadasanii

サトイモ科
分布：インド
光量：□　CO$_2$量：●　　底床：▲ ▲

クボタエによく似た極細の葉を100cm以上伸ばす。自然界では休眠期を持つ季節性の植物であるにもかかわらず、同じ季節性のレトロスピラリスなどとは違い、通年で水槽栽培が可能。硬度の高い水質を好むため、育成も容易。2016年からはインドやヨーロッパのファームからの入荷も見られるようになったので、ぜひレイアウトの後景を飾って頂きたい

後景向き 繊細＆強健、
マルチな利便性で高評価！

ポゴステモン・クアドリフォリウス

Pogostemon quadrifolius

シソ科 ／ 別名：ポゴステモン・'オクトパス'
分布：バングラデシュ、インド、ミャンマー、ラオス
光量：□　CO$_2$量：●　　底床：▲ ▲

葉の長さは6〜10cm、幅0.5〜0.8cm。明るい緑色で葉裏が薄く紫色がかることもあり、水の流れに揺れるときれい。ポゴステモンのなかでは断トツに丈夫で育てやすい。生長も早すぎるほど良く、後景にテープ状の水草の代わりに植えることもでき、切り戻してもすぐに生えそろう。環境の変化で多少いじけたとしてもすぐに復活する逞しさが取り柄で、初心者にも扱いやすい

後景向き これがホシクサ！？
意外性と使い易さが◎

エリオカウロン・'ソーシャルフェザーダスター'

Eriocaulon 'Social Feather Duster'

ホシクサ科
分布：インド
光量：□　CO$_2$量：●　　底床：▲ ▲

ソーシャルは叢生という意味もあり、その名の通り、根元で株分けが可能で増殖も容易。フェザーダスターは羽毛でできたハタキの意で見た目のまま。海外では単にフェザーダスターと呼ばれている。糸状の沈水葉を40cm以上に伸ばすという独特な姿。育成条件は緩く、クセがないので育て易い後景種だ。横長に並べて植えてもよいが、単体でハタキの感じを残すのもおすすめ

活着レイアウトにハマる
極小アヌビアス

アヌビアス・ナナ・'パンゴリーノ'

Anubias barteri var. *nana* 'Pangolino'

サトイモ科 ／ 改良品種
光量：☐　CO₂量：●　底床：▲ ▲

アヌビアス・ナナの極小品種で、ウロコに覆われた珍獣センザンコウが名前の由来になっている。葉は披針形で先端は鋭く、葉色の濃さも相まってシャープな印象。長さは 1 ～ 1.5cm。基本的な育成はノーマルに準じるが、生長は遅く、明るい光、CO_2 の添加は有効。時間はかかるが、群生美は見事。枝流木に活着させるとよりリアルな「木」の再現も可能である

活着する有茎草！
水草界のボーダレススター

ハイグロフィラ・ピンナティフィダ

Hygrophila pinnatifida

キツネノマゴ科
分布：インド
光量：☐　CO₂量：●　底床：▲ ▲

流れの速い川に自生し、流木や石に固着する能力を持つ風変わりな種類。沈水葉は長楕円形で羽状中裂から深裂。先端は丸く優しい雰囲気。長さ 5 ～ 15cm、幅 1cm 程。オリーブグリーンから茶褐色。CO_2 の添加を行ない、カリウムを定期的に与えることによって健康的に育つ。光が強いと小型化する傾向がある。活着の他、直接地面に植えても育成は可能だ

最も使い易いレイアウト向きの
ミクロソルム

ミクロソルム・'トライデント'

Microsorum pteropus 'Trident'

ウラボシ科
分布：不明
光量：☐　CO₂量：●　底床：▲ ▲

側裂片を 2 つ以上出す種類。中央裂片と側裂片の葉幅と長さの差が少ないことから、1 枚の葉で数枚の細葉が生えているかのように見える。そのため、密生した株を作り易く、近年、最も人気の高いバリエーションのなかのひとつとなっている。細葉の有茎草との親和性も高く、幅広くレイアウトで活用されている。明るく水の流れのよい場所を好み、丈夫で育て易い

Aquatic Scene.1

それぞれの水草の特性をつかんで配置。鮮やかで生き生きとした光景が水槽に展開した
制作管理　船田光佑（神畑養魚）　サポート　志藤範行（An aquarium.）　撮影　石渡俊晴

レイアウトに使える水草図鑑

本書では、世界中の水辺に自生している水草からレイアウトに使える魅力的な種類や、改良された美しい品種を 500 種類厳選！　種類の特徴を把握し、あたなだけのレイアウト制作に役立ててみよう

ヘランチウム・テネルム  ❷

Helanthium tenellum ❸

オモダカ科 ❹ ／ 別名：エキノドルス・テネルス ❺

分布：北米、中米、南米 ❻

光量：□　CO₂量：●　底床：▲ ▲　**アイコン**

沈水葉の長さは 5 〜 10cm、幅 1.5mm、緑からオリーブグリーン、赤味がかることも多い。2008 年にエキノドルス属から分けられ、ヘランチウム属に移行し、種小名はテネルムになったが、昔の名称で売られることが多い。育成環境を選ばず育て易い強健種で、ランナーでの増殖がわかりやすく、前景草の入門種として最適。ヤマトヌマエビの食害には注意 ❼

図鑑の見方

❶ 水草の写真／主にその種類の水中での状態（沈水葉）がわかる写真を掲載

❷ 通称名／日本国内で使用される名称。学名をカタカナで表す場合が多い

❸ 学名／世界共通の学術的名称。属名＋種名のラテン語で表記される

❹ 科名／分類学上その種類が位置する属の上のステージが科（Family）。その種類がどんな植物の仲間なのかを知るために重要

❺ 別名／一般的な通称名以外によく知られる名称

❻ 分布／自然下でその種が自生している国や地域。改良品種の場合は分布は表示していない

❼ 解説／その種類の特徴や、栽培、レイアウトでのコツなど

アイコン の見方

🛡 …栽培が容易な入門種。これから水草育成を始めるビギナーにおすすめ

光 量／水槽育成時に使用する LED ライトの強さをアイコンで表示
　　　　□…普通（1500 〜 2500lm）
　　　　□□…強い（2500 〜 4500lm）

注 1：光量は 60cm 標準水槽で LED 照明を使った場合の目安で、lm（ルーメン）は全光束の単位、光の量を表します

注 2：水草に求められる明るさには、育成、観賞、両面の効果が求められるため、色温度、演色性、波長域、照射角度など他の要件も加味されます。上記の数字はおおまかな目安のひとつとお考えください

CO₂ 量／水槽育成時に CO₂（二酸化炭素）を水中に強制添加する際の目安
　　　　●…普通（1 秒間に 1 滴）
　　　　●●…多い（1 秒間に 2 〜 3 滴）

注 3：CO₂ 添加量は 60cm 標準水槽を使用し、1 秒間に CO₂ カウンター等から出る泡の数を目安としています

底 床／底床材（底砂）の種類
　　　▲ …ソイル系の底床材
　　　▲…大磯砂系の底床材

前景に適した水草
レイアウト例

びっしり育った緑の絨毯は誰しもが憧れるところ。前景草を上手に使うと、美しいという
だけでなく、水槽内を大きく広く見せることができる。そのためには、より葉の小さいもの、
細かいもの、低く育つものを植えるのが効果的

レイアウト制作／市橋康寛（リミックス）
撮影／橋本直之

前景草を効果的に使ったレイアウト

前景草のなかでも群を抜いて小さく低く育つキューバパールグラスを
前面に配置。その奥の2つの小型種との間に対比が生まれ、この繊細
なレイアウトが成立している

DATA

水槽サイズ／60 × 30 × 36（H）cm
ろ過／エーハイム エココンフォート 2234
照明／ソーラー RGB（130W LED ／ ADA） 1日12時間点灯
底床／アクアソイル アマゾニア（ADA）、プラチナソイル
CO_2 ／1秒に2滴
添加剤／グリーンブライティ（ニュートラル K、アイアン、ミネラル）
（ADA）各種を2日に1回　3cc ずつ
換水／週に2回1/2
水温／24 〜 25℃
生物／RRE アルビノ紅白グッピー、オトシンクルス、ミナミヌマエビ
水草／パールグラス、ウォーターローン、キューバパールグラス

見事に繁茂して緑の絨毯を作ったキューバパールグラス。
照明や肥料を上手に調整することで見事な前景となる

レイアウト制作／志藤範行（An aquarium.）　撮影／石渡俊晴

前景草で作る鮮やかな緑の絨毯

美しい三角構図のなかでいきいきと育つグロッソスティグマの緑の絨毯は、実際のサイズ以上の広がりを感じさせてくれる。レイアウトの名手による、真似をしたくなるような作品。

DATA

水槽サイズ／90×45×45（H）cm
ろ過／スーパージェットフィルター ES-1200（ADA）
照明／32W蛍光灯×6灯　1日10時間点灯
底床／アクアソイル-アマゾニア、パワーサンド・スペシャルM（ADA）
CO$_2$／1秒に3〜4滴
添加剤／マスターグロウを週に1回5cc
換水／2週に1回1/2

水質／pH6.5、25℃
生物／カージナルテトラ、レッドラインドーピードバルブ、サイアミーズフライングフォックス、オトシンクルス、ヤマトヌマエビ
水草／ロタラ・'ナンセアン'、オランダプラント、斑入りロタラ・マクランドラ、タパジョスドワーフニムファ、グロッソスティグマ、ヘアーグラス、バコパ・アウストラリス

前景にリシアが映える立体的なレイアウト

前景を彩る水草として忘れてならないのがリシアの存在。多くの人の心を惹き付ける。光合成の際に付ける酸素の気泡の美しさは、組織培養株を水中接着剤で石や流木に付けると手軽に楽しめる。

レイアウト制作／佐藤雅一（トロピランド）　撮影／石渡俊晴

DATA

水槽サイズ／90×45×45（H）cm
ろ過／エーハイム2328
照明／ソーラーI（ADA）　1日8時間点灯
底床／水草がとてもよく育つ土
CO$_2$／2秒に1滴
添加剤／ブライティK、グリーンブライティ STEP II（ADA）を毎日、水草の栄養液1〜2週間に1〜2度、ウォータープラント肥料を3ヵ月に1度
換水／3週間に1度1/3

水質／pH7.4、26℃
生物／カージナルテトラ、国産グッピー、ミナミヌマエビ
水草／リシア、パールグラス、ブリクサショートリーフ、グリーンロタラ、エキノドルス・ホレマニー・グリーン、ウイローモス、エキノドルス・アングスティフォリウス、ニードルリーフルドウィギア、シペルス

15

前景 を美しく彩る 水草カタログ

前景草の条件としては、背が高くならないことはもちろん、よく殖えることも求められる。
ランナーを出しやすいもの、這うように育ちながら枝分かれを繰り返すものは、前面を密に
覆い、きれいな緑の絨毯を作り出すことができる

掲載水草 32 種類：013 〜 044 / 500 種

グロッソスティグマ

Glossostigma elatinoides

ハエドクソウ科 ／ 別名：ハビコリハコベ
分布：オーストラリア、ニュージーランド
光量：□□　CO$_2$量：●●　底床：▲▲

前景向き水草の代表的な存在。茎は分枝を繰り返しながら地面を匍匐
し、水底をびっしりと覆う。強光と CO$_2$ の添加は必須で、栄養豊富
なソイルも効果的だ。寒さや乾燥に強い性質から、世界各地で帰化の
報告が上がっており、日本国内でも注視されている。生態系への被害
を防止するためにも、屋外に捨てることは絶対に避けたい

インディアンクラッスラ（スズメハコベ）

Microcarpaea minima

ハエドクソウ科 ／ 別名：ミクロカルパエア・ミニマ
分布：日本、南アジア、東南アジア、オーストラリア北部
光量：□□　CO₂量：●●　底床：▲ ▲

インド産のクラッスラ・ヘルムシーに似た草というのが通称名
の由来。日本からオーストラリアまで広く分布し、インド以外
でも水田雑草として見る機会は多い。沈水葉は線形で、長さ
20mm、幅1～2mm。強光で、それに見合ったCO₂の添加
をすれば、よく分枝して這いながら伸びるため前景に使える。
トリミングをしながら整えていくと、隙間なく仕上げられる

クリプトコリネ・パルヴァ

Cryptocoryne parva

サトイモ科
分布：スリランカ
光量：□　CO₂量：●　底床：▲ ▲

前景に最も適した小型のクリプト。とくにシンガポールのオ
リエンタル社から入荷するものは、葉をぺったり寝かせるよ
うに育つので、丈の短い絨毯を作ることができる。生長が遅く、
なかなか増殖してくれないので、初めから数多く植え込むの
がポイント。他の前景草と違って繁茂しすぎて困るというこ
とがないのは、考えようによっては本種の魅力でもある

クリプトコリネ・ウィリシィ

Cryptocoryne × willisii

サトイモ科 ／ 分布：スリランカ
光量：□　CO₂量：●　底床：▲ ▲

スリランカ中部キャンディ近郊が産地と推測されている自然
交雑種。水槽内では高さ5～15cm、葉幅0.6～1.5cmと、
小型のグループに属する種類。披針形、葉縁は平滑、葉色は
緑色。パルヴァにワルケリーとベケッティが関与した複雑な
交雑のため、表現される形も様々。また、ファーム毎に呼称
が違うなど、名前の混乱も少なくない。丈夫で育成は容易

クリプトコリネ・'ネヴィリィ'

Cryptocoryne × willisii 'Nevillii'

サトイモ科 ／ 分布：スリランカ
光量：□　CO₂量：●　底床：▲ ▲

本来のネヴィリィ (*C.nevillii*) はまったくの別種で、スリラン
カ東部に分布、数ヵ月間の乾燥期間を休眠して過ごすという
生活を送り、長期的な栽培は難しい。流通するものはウィリ
シィの交雑種で、やや葉幅が広い。沈水葉は細身の披針形に
なり、群生させると美しい。名前の混乱が著しく、同名で入
荷するものに沈水葉が茶緑色になるタイプもある

17

クリプトコリネ・'ルテア・ホビット'

Cryptocoryne walkeri 'Lutea Hobbit'

サトイモ科
改良品種
光量：□　CO2量：●　底床：▲ ▲

ドイツのデナリー社から入荷する高さ5cm程の矮小品種。
ファームの温室内で見付かったルテアの変異株を組織培養で
増殖したもので、メリクロンカップの他、ポット物の流通も
見られる。生長はノーマルに比べると遅く、水換えを怠ると
コケが付きやすいので注意。光をしっかりと当てると、紫が
かった茶色になり、前景のアクセントには持ってこいだ

ヘランチウム・テネルム

Helanthium tenellum

オモダカ科　／　別名：エキノドルス・テネルス
分布：北米、中米、南米
光量：□　CO2量：●　底床：▲ ▲

沈水葉の長さは5～10cm、幅1.5mm、緑からオリーブグリ
ーン、赤味がかることも多い。2008年にエキノドルス属か
ら分けられ、ヘランチウム属に移行し、種小名はテネルムに
なったが、昔の名称で売られることが多い。育成環境を選ば
ず育て易い強健種で、ランナーでの増殖がわかりやすく、前
景草の入門種として最適。ヤマトヌマエビの食害には注意

ヘランチウム・テネルム・'レッド'

Helanthium tenellum 'Red'

オモダカ科　／　別名：サンフランシスコテネルス
分布：ブラジル
光量：□　CO2量：●　底床：▲ ▲

ブラジルのサンフランシスコ川産の、赤味が強いテネルム。
一般的なテネルムのような茶系の赤ではなく、鮮やかなピン
ク系の赤になるためピンクテネルスとも呼ばれる。ソイルを
使い、高光量で管理するとより赤味が濃く発色。pHとKHが
下がるコンディショナーを使用すると、育成はさらに容易に。
最前列の他、前景草の後ろでアクセントにしてもおもしろい

ラナリスマ・ロストラータム

Ranalisma rostratum

オモダカ科　／　別名：アフリカンチェーンソード
分布：中国、インド、マレーシア、ベトナム
光量：□　CO2量：●　底床：▲ ▲

気中葉は卵形から卵状楕円形で長さ3～4.5cm、幅3～
3.5cm、全縁で緑色。葉柄は長さ12～32cm、入荷する栽培
品は3～4cmが多い。沈水葉はヘランチウム・テネルム・'パ
ルブルム'に酷似するが、気中葉の形態、花後に70個ほどの
種子が付きいがぐり状に見える点でも簡単に見分けられる。育
成に関しては同様。本種の方がランナーでの増殖は旺盛である

エリオカウロン・'ポラリス'

Eriocaulon 'Polaris' (Eriocaulon cinereum)

ホシクサ科 ／ 別名：ホシクサ・'ポラリス'
分布：ベトナム
光量：□　CO$_2$量：●　底床：▲

東南アジアでよく見かける小型で細葉のホシクサ。草丈で5cmほどになり、株が充実してくると葉数も多く、まるでウニのように立派な姿となる。北極星のポラリスが名前の由来。もともと育てやすい種類だが、組織培養苗の流通により、さらに水槽への導入がしやすくなっている。富栄養を好み、底床肥料は有効。前景のアクセント、石や流木前のポイントに

ヘアーグラス

Eleocharis acicularis

カヤツリグサ科 ／ 分布：日本、オーストラリア、アジア、北米、南米、アフリカ北部
光量：□　CO$_2$量：●　底床：▲ ▲

草丈2〜15cm。髪の毛のような細くしなやかな姿が美しい。地下茎を伸ばし子株を次々に作るため群落を形成し易く、緑の絨毯に適した前景草。大磯系で育成すると直線的に伸び、ソイルで育成すると反り返りながら伸びる傾向がある。ソイルであればCO$_2$無しでも育成できるが、まばらに育ち絨毯にはなりにくい。超小型水槽の後景に使ってもおもしろい

ショートヘアーグラス

Eleocharis sp.（トロピカ社は *Eleocharis pusilla*）

カヤツリグサ科
分布：オーストラリア、南米、日本など
光量：□　CO$_2$量：●　底床：▲ ▲

レイアウトには欠かせない存在となった小型種。ノーマルのヘアーグラスがまっすぐ立つ傾向が強いのに対して、本種はカールするように育つ傾向が強い。そのため、より低い前景を作ることができ、人気を不動のものにしている。トロピカ社のものはオーストラリアやニュージーランド原産とのこと。その他、南米産、日本産など複数種が流通している

エラチネ・ヒドロピペル

Elatine hydropiper

ミゾハコベ科 ／ 別名：エラチネ・ハイドロパイパー
分布：ヨーロッパ、アジア
光量：□□　CO$_2$量：● ●　底床：▲ ▲

グロッソの小型版のような水草。国産の水中葉も流通し、以前に比べて格段に育てやすくなった。とはいえ育成難種に変わりはないので、高光量とそれに見合ったCO$_2$、新しいソイルにこまめな換水を実践したい。殖え過ぎないので、トリミングに追われることが少なく、前景を長期間維持できる。現在、複数種が流通している可能性も示唆されている

19

ラトナギリミゾハコベ

Elatine triandra 'Ratnagiri'

ミゾハコベ科
分布：インド
光量：□□　CO_2量：●●　底床：▲

ミゾハコベは世界各地で見られる広域分布種で、本種はインドのラトナギリ産。日本産のものは水槽では育成に手こずり、きれいになることは少ないが、本種は柔らかく明るい色の葉を這うように伸ばし、陽だまりのようなきれいな前景を作ることができる。うまく育てるのには、低いpH値と、下葉を腐らせないように、こまめな植え替えがポイントとなる

エラチネ・グラティオロイデス

Elatine gratioloides

ミゾハコベ科
分布：オーストラリア、ニュージーランド
光量：□□　CO_2量：●●　底床：▲

沈水葉は狭披針形で、長さ25mm、幅4mm。緑白色で薄い質感。光が強いと這いながら分枝を繰り返す。水温への適応力が高く、18～32℃まで育成が可能。ただし調子がよいのは25℃以下。同じ水槽で栽培してみても日本のミゾハコベよりはるかに丈夫である。オーストラリアのものは別種として *Elatine macrocalyx* とする説もある（2002年に記載）

ゴイアスドワーフロタラ

Rotala mexicana 'Goias'

ミソハギ科
分布：ブラジル
光量：□□　CO_2量：●●　底床：▲

葉は長さ1cm、幅1.5mm。2000年に紹介されたブラジル産のメキシカーナ種。前景に使える赤い小型の水草で、小型水槽用としても重宝する。高光量の環境ではよく這いグランドカバーの用をなすが、地面を覆うと、やがて立ち上がってくる。トリミングを数回繰り返すと弱ってくるので、上部の新しい茎を使い植え直し、株の更新を図るとよい

南米ミズハコベ

Callitriche sp.

オオバコ科
分布：ブラジル
光量：□□　CO_2量：●●　底床：▲

極小の葉を付ける前景向きの水草。沈水葉は楕円形で長さ3～4mm、幅1mm程。葉色は鮮やかな緑。茎は地面を這いながら分枝して広がり、緑の絨毯を形成する。広がりきると上へ伸び始め、厚さが増すと下部に光、水流が届かなくなり衰弱、腐敗を招き、その結果、急激に弱体化することがある。そうならないよう早めのトリミングが重要である

キューバパールグラス

Micranthemum callitrichoides
(*Hemianthus callitrichoides* 'Cuba')

アゼナ科 ／ 分布：キューバ、バハマ、プエルトリコ
光量：□□　CO₂量：●●　底床：▲ △

沈水葉は卵形から倒卵形で、葉の長さ3mm、幅2mm程。茎は地面を這いながら分枝して広がり、グリーンのカーペットを形成。極小のサイズから小型水槽にも向く。育成には他の前景用水草同様、強光とそれに見合った量のCO₂の添加を実践したい。砂を使うときは底床肥料を施し、ソイルを使う場合は、KHが低くなり過ぎないように注意。こまめな換水が有効

サンタレン・ドワーフニムファ

Nymphaea sp. 'Santarem Dwarf'

スイレン科 ／ 別名：サンタレンチェーンロータス
分布：ブラジル
光量：□□　CO₂量：●●　底床：▲

ブラジル産の小型の原種スイレンで、ヒドロカリス亜属の一種と思われる。水槽で浮葉を見ることはほとんどなく、水中生活に適応しやすい。別名からもわかる通り、ランナーを次々と出し子株を作っていく。沈水葉の群生美は自然下では珍しい事ではないが、それを水槽内で再現できるものとしては貴重な存在。中景のみならず前景にも利用が可能だ

ウォーターローン

Utricularia graminifolia

タヌキモ科
分布：南アジア、ミャンマー、タイ、中国
光量：□□　CO₂量：●●　底床：▲

水生のタヌキモと同属の食虫植物の仲間。本種は湿地に生えるミミカキグサのグループのなかで、水中生活に適したもの。這うようにして育ち、明るい緑のカーペットを作り、他の前景草とは一線を画した雰囲気を持つ。虫を捕らえるための捕虫嚢を地下茎に付けるが、餌を与える必要はない。光合成で育つので他の水草同様、光とCO₂を用意するだけよい

アラグアイアレッドシャープリーフハイグロ

Hygrophila 'Araguaia Red Sharp'

キツネノマゴ科
分布：ブラジル
光量：□□　CO₂量：●●　底床：▲

沈水葉は線状披針形で、長さ5〜6cm、幅2〜3mm。やや褐色がかった紅色で、葉脈が白く抜ける。茎の基部で分枝し這いながら伸び、新たに立ち上がる。これを繰り返して背の低い繁みを作る。育成にはソイルを使用し、強光でCO₂の添加は必須。pHとKHの降下剤の使用も効果的である。アジア産で似た種類があり、混同され流通していることもある

スタウロギネ・レペンス

Staurogyne repens

キツネノマゴ科
分布：ブラジル
光量：□□　CO₂量：●●　底床：▲

いわゆるアマゾンハイグロの一種。マットグロッソ州のクリスタリーノ川で採取されたもので、この手の水草ではかなり丈夫な種類。ソイルの使用と強光、CO₂の添加は必須だが、その他のアマゾンハイグロ系のように、pH降下剤を入れないと溶けるような気難しさはない。這うように育つので、流木や石と地面の間を隠したり、前景と中景のつなぎ役に重宝する

アマゾンハイグロ

Staurogyne sp.

キツネノマゴ科
分布：ブラジル
光量：□□　CO₂量：●●　底床：▲

披針形で凹凸のある葉は、長さ5～6cm、幅1.2～1.5cm。スタウロギネ・レペンスよりも葉幅は狭い。茎が底床を這いながら節から根を下ろし、分枝を繰り返し広がる。節から伸びる茎も匍匐するが、密生した状態では、直立または斜上する。強光、CO₂の添加は必須。酸性から弱酸性の環境を好み、pHとKHの降下剤で調整して水換えをしないと、葉が溶けることも

スタウロギネ・'ブラウン'

Staurogyne 'Brown'

キツネノマゴ科
分布：インド
光量：□□　CO₂量：●●　底床：▲

沈水葉を展開させた当初は、茶色味を帯びるタイプのポリスペルマによく似るが、サイズが小さいまま生長を続ける。これはソイルでも大磯系でも変わらず、地面を這うように伸びる。茶色に少し青が混ざるような葉色は、強光下で出やすい

ヒドロコティレ・'ミニ'

Hydrocotyle 'Mini'

ウコギ科 ／ 別名：ハイドロコタイル・'ミニ'
分布：不明
光量：□□　CO₂量：●●　底床：▲

組織培養カップで入荷するインド産の超小型種。小型水槽でレイアウトを楽しむにはぴったり。しかし、このような極小のものこそ、大型水槽で繁茂させると素晴らしい。弱光下では立ち上がるため、底まで光が届くように照明は強力なものを用意したい

ドワーフマッシュルーム
Hydrocotyle verticillata

ウコギ科 ／ 別名：ミニマッシュルーム
分布：北米と南米の温帯、亜熱帯地域
光量：□□　CO₂量：●●　底床：▲ ▲

沈水葉の直径は 2.5cm、高さは通常 5 〜 10cm の小型種。前景、または極小の前景と中景のつなぎに使われることが多い。茎が横走し各節から葉柄を伸ばし、円形の葉を盾形に付ける。背を低く抑えるためには、強光、CO₂ の添加が有効

ブラジリアンコブラグラス
Lilaeopsis brasiliensis

セリ科
分布：ブラジル、パラグアイ、アルゼンチン
光量：□□　CO₂量：●●　底床：▲

葉の長さ 6cm、幅 2 〜 3mm。葉先の幅が広く、葉がヘビの鎌首状に曲がることから、コブラの名がある。大磯系では育成難種だが、ソイルでは容易に。ただし、強い光は必須で、それに見合った CO₂ も用意したい。コケが付きやすいので、肥料の与え過ぎに注意

リラエオプシス・マウリチアーナ
Lilaeopsis mauritiana

セリ科 ／ 別名：ロングリーフコブラグラス、モーリシャスコブラグラス ／ 分布：モーリシャス
光量：□□　CO₂量：●●　底床：▲

デンマークの水草ファーム・トロピカ社の創設者であるホルガー・ウィンデロフ氏が、1992 年にモーリシャスで発見したもの。水質の適応幅は広いが、大磯系では育成が難しい。光が強いほど丈が短くなり、分枝もよく、前景向きの濃い繁みになる

マルシレア・コスツリフェラ
Marsilea costulifera

デンジソウ科 ／ 分布：オーストラリア
光量：□□　CO₂量：●●　底床：▲ ▲

ヒルスタ種よりも小型で、小葉は長さ 4 〜 10mm、幅 2 〜 5mm と半分ほどのサイズ。細長いという印象を受ける。胞子嚢果の形も異なり、やや不均等に葉を付けるのも特徴。沈水葉も非常に小さく、小型水槽の前景にも使い易い。生長が遅いため、他の水草の勢いに負け気味に。陰にならないようトリミングを行ない、光がよく当たるように気を配りたい

マルシレア・ドルモンディ

Marsilea drummondii

デンジソウ科
分布：オーストラリア
光量：☐☐　CO$_2$量：●●
底床：▲▲

緑の多い沿岸部だけでなく内陸の非常に乾燥する場所にもあり、葉に多くの毛が付くことも。自生地は乾燥と増水の差が激しい所で、胞子が20〜30年乾燥に耐え、逆に1mの水深で確認されることもある。基本的には浅い所、湿った場所を好み、栽培も難しくはない

ヨーロピアンクローバー

Marsilea sp.

デンジソウ科
分布：オーストラリア
光量：☐☐　CO$_2$量：●●
底床：▲▲

水上では四つ葉のクローバーのような姿をしているが、シダ植物の仲間。水中で小さなスプーン状の葉を展開。昔は育成難種だったが、ソイルの登場により、びっしりと埋め尽くした前景を作るのも難しくなくなった。育成には強光とCO$_2$の添加が重要

インディアンクローバー

Marsilea sp. (from India)

デンジソウ科
分布：インド
光量：☐☐　CO$_2$量：●●
底床：▲▲

インド産のデンジソウの仲間で、水中でも四つ葉を維持しやすい貴重な種類。ヨーロピアンクローバーよりは生長が早く、葉柄がやや伸びるので、下にインディアンクラッスラなどを合わせるのがおすすめ。光をよく当て、CO$_2$の添加を実践したい

水草のバトンタッチ

〜時間や国境を越えて〜

著者の手元には、二十数年前にお客様から譲っていただいた水草がある。有茎草なので、ある程度伸びたら切り、脇芽をまた育てる。それを繰り返していると下部が弱ってくるので、何度目かのタイミングで、上部の元気なところを切って植え直す。そうするとまた元気に育つ。このまま同じことを続けていけば、まるで永遠のように、いつまでも維持しながら育てていけるような気さえする。

そんな傲慢な油断からだろうか、二十数年のなか、危うく枯らしてなくしそうになったことも数多い。茎が一本でも残れば、なんとか復活させることができたので今に至るが、群生に安心して、うっかりを繰り返し、今度こそ死んだと思ったが、ぎりぎり生き返ったということは、一度や二度ではない。その度に、力強く再生する様に、毎回同じようにあらためて感動する。その感動を味わうために、わざわざ失敗を続けているわけではない。単なる怠惰なだけなのだが、そんな下手くそでも、永遠とか言いだしたくなるくら

い、水草の生命力は強い。考えてみたら、二十数年前から育てているその水草の先端が、今でも目の前にあるのだ。魚の飼育ではちょっと得られない、植物である水草ならでは感慨である。

でも、これは著者の手元の水草に限ったことではない、ショップに並んでいるほとんどの水草にも言えることだ。何十年前か数年前かは種類によってそれぞれだろうが、水草ファームで同じように維持しながら育てられ、増やされて、我々の手元に届けられているのだ。それぞれに歴史があり、ストーリーもある。著者自身が名付け紹介した水草もいくつか流通している。著者の手元にはなくなっているのに、SNSで海外の水槽にある姿を見ると、とても不思議な気持ちになる。発見したときに、「この水草きれいだな」と思った気持ちが、時や国境を隔てても続いているだとしたらうれしい。先達が残してくれた貴重な遺産を減らすことなく、なるべくなら増やして、次の世代へとバトンタッチできたらと思う。

中〜後景に適した水草
レイアウト例

前景とのつなぎ役として、後景までのグラデーション効果を出すために葉の細かいもの、
小さなものが好まれるのが最近の傾向。反面、形、色、質感の異なるものを使い、あえて
中景に意識を持たせるという手法も効果的だ

レイアウト制作／武江春治（アクアテイク-E）　撮影／石渡俊晴

中〜後景草を効果的に使ったレイアウト

大型レイアウトの名手による作品。絶妙な大きさと高さで仕上げられたパールグラスが、
後景草の赤との対比で美しく際立ち、小型水槽とは思えない奥行き感を生み出している

DATA

水槽サイズ／36 × 22 × 26（H）cm
ろ過／エーハイム クラシックフィルター 2211
照明／アクアスカイ 361（15WLED ／ ADA）1日 10 時間点灯
底床／アクアソイル - アマゾニア パウダータイプ（ADA）
CO_2 ／ 1 秒に 1 滴
添加剤／ショップオリジナル液肥を 1 日 1 プッシュ

換水／週に 1 回 1/2
水質／pH6.8、25℃
生物／エンドラーズライブベアラー、レッドテトラ、チェッカーボードシクリッド、ミナミヌマエビ
水草／ロタラ sp.‘エニー’、ニードルリーフルドウィギア、ベトナムゴマノハグサ、パールグラス、アマゾンハイグロ

レイアウト制作／轟 元気（アクアフォレスト）　撮影／石渡俊晴

エキノドルスと有茎草で作る

ダイナミックな中〜後景

有茎草だけでなく改良エキノドルスの種類数も増え、新しい組み合わせの可能性が広がっている。精力的にレイアウトを生み出す制作者ならではの挑戦的な作品

DATA

水槽サイズ／120 × 45 × 50（H）cm
照明／ソーラー RGB（ADA）1日11時間点灯
ろ過／スーパージェットフィルター ES-1200（ADA）、
　　　エーハイム2217
底床／アクアソイル・アマゾニア（ADA）、
　　　化粧砂、軽石
CO$_2$／1秒に5滴
換水／週に1回1/2
生物／カラーラージグラス、ブラックネオンテトラ、
　　　スマトラ

水草／エキノドルス・ルビン、ハディレッドパール、ポリゴヌム sp. 'ピンク'、ニューオランダプラント、リスノシッポ、ルドウィギア・ルブラ、ハイグロフィラ・ロザエネルビス、ルドウィギア・レペンス、ルドウィギア sp. 'スーパーレッド'、ニードルリーフルドウィギア、ロタラ・マクランドラ、ロタラ sp. 'Hra'、レインキーミニ

レイアウト制作／奥田英将（ビオグラフィカ）　撮影／石渡俊晴

中〜後景を華やかに。

混植による水草の競演！

中景と後景のボーダレスが、ブリクサショートの存在によって絶妙な均衡を保ちながらも、作り込んだ感じのない生きた自然の美しさを醸し出す。何度も紹介される名作

DATA

水槽サイズ／60 × 30 × 36（H）cm
照明／150W メタハラ　1日10時間点灯
ろ過／スーパージェットフィルター ES-600（ADA）
底床／アクアソイル - アマゾニア・ノーマルタイプ、バクターボール（ADA）、採集川砂利
CO$_2$／1秒に2滴
添加剤／クロルオフ、リオベース、be- ソフト（ADA）を換水時に適量。グリーンブライティ STEP1、グリーンブライティ・スペシャル SHADE（ADA）を毎日3プッシュ
換水／2週間に1回20ℓ
水質／pH6.2　TH20mg　KH1.0　COD6.0
水温／26℃

生物／レッドテトラ、クリスタルレインボーテトラ、ディープレッドホタルテトラ、オトシンクルス、ブラックモーリー、サイアミーズフライングフォックス、クラウンローチ、セルフィンプレコ
水草／ブリクサ・ショートリーフ、ギニアンハイグロ、ラージパールグラス、ロタラ・ロトゥンディフォリア '福建省'、ラージパールグラス、ルドウィギア・パルストリス・グリーン（混栽）、ジャイアントアンブリア、ポリゴヌム sp. ピンク、オーストラリアオランダプラント（混栽）、侘び草（ニードルリーフ、エレオカリス・ヴィヴィパラ、ルドウィギア・パルストリス・グリーン、ハイグロフィラ・ポリスペルマなど）、ヘアーグラス、リムノフィラ sp. カリマンタン、アラグアイアラージリーフハイグロ、スタウロギネ・レペンス、アマゾンハイグロ 'パープル'、トニナ・リオネグロ、ガイアナドワーフミリオフィラム、グリーンロベリア、パンタナルヘミグラフィス

中〜後景を美しく彩る水草カタログ

前景と後景の間で、レイアウトに奥行きを持たせるのが中景草の役割り。中景から後景まで同一種で連続的な流れを作るのが近年の主流だが、オーソドックスなアクセントとして、色や形の異なる個性豊かな種類を使って際立たせてもおもしろい

掲載水草 223 種類：045 〜 267 / 500種

ブリクサ・ショートリーフ
Blyxa japonica

トチカガミ科
分布：日本、インド、ニューギニア
光量：□□　CO2量：●●
底床：▲

あまり目立たないが短い茎のある有茎タイプで、中景草の定番として欠かせない存在。葉の長さ 3 〜 7cm、幅 2 〜 4mm、全体の高さ 10 〜 25cm。緑から茶、紫、赤などの色を帯びることも。これは光が強いとより顕著に。弱酸性の水を好み、育成にはソイルの使用、CO2 の添加が有効。よく見かける学名の *novoguineensis* は、草丈 3m になることもある別種のもの

バルクラヤ・ロンギフォリア
Barclaya longifolia

スイレン科　／　分布：ミャンマー、アンダマン、タイ、スマトラ、ニューギニア
光量：□□　CO2量：●●　底床：▲ ▲

3 〜 6cm ほどでこげ茶色をしたゴーヤのような塊茎から、スイレン科としては珍しい細長い形の緩く波打つ葉を出す。色は緑から赤で、よく目にするのは赤味の強いレッドタイプ。葉を数ヵ月展開した後休眠に入り、数週間で再び芽を出す。長期維持には底床肥料が有効。貝による食害、低水温にも注意したい。中景のアクセントに最適な種類といえよう

オグラコウホネ
Nuphar oguraensis

スイレン科
分布：日本、朝鮮半島
光量：□　CO2量：●　底床：▲ ▲

抽水形を形成せず、浮葉があっても沈水葉が残ることが多い水中生活に特化した種類。自生地では湧水のある場所で多く見られる。沈水葉は広卵形から円心形で長さ 8 〜 15cm、幅 6 〜 15cm。抽水形にならないこともあって、葉柄は細く断面は三角形状で中心に穴が開いている。栽培では緩やかな流れを作り、こまめな換水が有効。CO2 の添加はしたほうがよい

コウホネの一種
Nuphar sp.

スイレン科
分布：不明
光量：□　CO₂量：●　底床：▲▲

インドネシア便で「コウホネ sp. タイワン」の名称で入荷する
コウホネ属の一種。葉柄は中実で抽水葉を作るためタイワンコ
ウホネとは別種だが、柱頭盤は赤くなるという正体不明の存在。
浮葉も赤味を帯び、はっきりとした赤色になることも。沈水葉
は明るい緑色で円形。導入後すぐに展開を始め、その姿を長く
楽しむことができる。水槽栽培に最も適した種類のひとつだ

ニムファエア・'レッドセサミ'
Nymphaea 'Red Sesame'

スイレン科
改良品種
光量：□□　CO₂量：●●　底床：▲

台湾のファームから入荷する熱帯スイレンの改良品種。葉は
広卵形で黄緑からオレンジ色、細かい赤い斑点模様が多数入
る。光が強い方がきれいな葉模様が楽しめ、また、葉柄も短
くコンパクトな草姿に収まる。浮葉を出しにくく、沈水葉のま
ま長期間栽培が可能である。花は芳香があり昼咲きで、カエ
ルレア種に似ている。色とりどりの有茎草と合わせるとよい

ニムファエア・グランドゥリフェラ
Nymphaea glandulifera

スイレン科
分布：中南米、南米北部
光量：□　CO₂量：●　底床：▲▲

円形から広卵形の葉はややシワが入り、長さ 10～15cm、幅
5～10cm。葉色は鮮やかな緑で模様などは入らない。明るく
爽やかな印象で、水槽でもよく映える存在に。浮葉を出しに
くく水槽育成向き。育成条件に厳しい要求はなく育て易いが、
大きくなるので水槽サイズは選ぶ。ダッチアクアリウムで効果
的に使用するには、周りを有茎草などで囲み際立たせるとよい

タイガーロータス・'グリーン'
Nymphaea lotus 'Green'

スイレン科
分布：熱帯アフリカ
光量：□　CO₂量：●　底床：▲▲▲

緑色の沈水葉は楕円形で縁は緩く波打ち優雅。斑模様がスポ
ット状から縞状に入るのが特徴で、名前の由来にもなってい
る。斑模様の面積が広く濃いものが人気が高い。浮葉を出し
にくく沈水葉を楽しみやすい性質が水槽栽培に適しているた
め、古くから世界中で親しまれている。肥料分を多くすると
大型化し葉長は 25cm まで達することもある

29

タイガーロータス・'レッド'

Nymphaea lotus 'Red'

スイレン科
分布：熱帯アフリカ
光量：□　CO₂量：●　底床：▲▲

光沢のある赤い葉に暗褐色の斑模様が入る美麗種。流れに揺れて見える赤紫色の葉裏も美しい。グリーンタイプ同様育成は容易。生長を抑えながら中景に据えるか、流木の背後から見えるよう後景に配置してもおもしろい。小さな球根から展開されたとは思えないダイナミックな姿、赤系有茎草には出すことのできない、サイズ感を含めた存在感を堪能したい

ニムファエア・マクラータ

Nymphaea maculata

スイレン科
分布：熱帯アフリカ
光量：□　CO₂量：●　底床：▲▲

タイガーロータスによく似た小型種。葉の長さ5〜7cm、幅3〜5cm。照り感のある濃い赤色の葉に黒い斑模様が多数入る。葉裏は薄い紫色。タイガーロータスとの違いは側裂片の先が離れず重なること。そのため遠目にはジュンサイのように楕円形の楯状に見える。地面に張り付くように葉を展開し、浮葉も出しにくいことから、前景から中景に適した水槽向きの種類である

ニムファ・ミクランタ

Nymphaea micrantha

スイレン科　／　別名：トリカラーニムファ
分布：西アフリカ
光量：□　CO₂量：●　底床：▲▲

円形の沈水葉は直径7〜10cmで、明るい緑色に赤褐色と暗褐色の斑点が入る個性的な配色。さらに葉の中央部に幼植物を形成するムカゴ種でもある変わり種。西アフリカから1995年にドイツへ渡り、同年に本種と思われるものがまじりで日本へも入荷して人気に。派手な模様ながら、レイアウトで不自然さが出ないのは、原種だからこそなのかもしれない

セイロンヌパール

Nymphaea nouchali

スイレン科　／　分布：スリランカ、南アジア、東南アジア、オーストラリア
光量：□　CO₂量：◗　底床：▲▲

葉色は緑、赤の2タイプがあり、どちらも淡い色合い。円形の沈水葉は非常に薄く、繊細な美しさが特徴の水槽向きのスイレンである。高温と低温に弱いが、25℃前後の適温の範疇であれば問題はない。葉の細くて小さい明るめのカラーの有茎草との相性が抜群。また、シダなどの硬めで濃い緑の中でアクセントにしても、柔らかい雰囲気を活かすことができる

パンタナルラビットイヤーロータス

Nymphaea oxypetala

スイレン科 ／ 分布：ブラジル、ボリビア、エクアドル、
ベネズエラ、キューバ
光量：□□　CO$_2$量：●●　底床：▲

浮葉をほとんど作らず、通常沈水葉で生活するという、まさに水槽向きのスイレン。幅広の楕円形で側裂片が長く、ウサギの耳が付いたように見える沈水葉は、自然下で30cm以上に。まれに出る浮葉は5〜6cmまでと目立たない。低水温、肥料の与え過ぎに注意。大きくなり過ぎたものや古い葉は適時切除し、新葉に光が当たるようにするときれいに育つ

タイニムファ

Nymphaea × pubescens (Nymphaea pubescens)

スイレン科
自然交雑種
光量：□　CO$_2$量：●　底床：▲ ▲

アイキャッチに優れた赤い葉色が魅力。黒いひげのような毛の付いた塊状の根茎を持ち、矢尻型の沈水葉は次第に幅広になり卵形へ。長さ8〜15cm、幅5〜10cm。浮葉生活に移行すると沈水葉は消失してしまうので、浮葉が出たら葉柄を根元から切除する。強い光では浮葉を出しやすくなるので注意。育成が容易な水槽向きスイレンの入門種である

サウルルス

Saururus cernuus

ドクダミ科 ／ 別名：アメリカハンゲショウ
分布：アメリカ
光量：□　CO$_2$量：●　底床：▲ ▲

日本のハンゲショウと同じドクダミ科の仲間で、特に水槽栽培に適した種類。水中では小型化し、生長が遅い。また、高さのコントロールもしやすいため、ダッチアクアリウムでは階段状に並べられ前景を整然と飾る定番アイテムに。卵心形で明るい緑色の葉の可愛らしい印象を活かし、流木の横や中景の奥などで長く伸ばし、ナチュラルに使ってもおもしろい

サウルルス・'ハートフォードゴールド'

Saururus cernuus 'Hertford Gold'

ドクダミ科
園芸品種
光量：□□　CO$_2$量：●●　底床：▲ ▲

アメリカから導入されたサウルルスの黄金葉品種で、夏以降に黄色が現れてくる後冴え。水中でも明るい葉色が魅力だが、反面、スポット状のコケがよく付き目立つので、窒素過多にならないよう栄養素のバランスに注意し、メンテナンスフィッシュの力を借り、早期に対応、または予防に努める。明るい環境を好むので、ライトの真下などに配置するとよい

アヌビアス・アフゼリー

Anubias afzelii

サトイモ科
分布：セネガル、ギニア、シエラレオネ、マリ
光量：☐　CO₂量：●　底床：▲▲

グラブラやアングスチフォリアに似るが、やや肉厚で、根茎が太い。「コンゲンシス」の名で販売されていることが多い。仏炎苞は大きく満開時にも最上部以外開かず、肉穂花序が長く突き出るのも特徴。披針形でマットな質感の薄い緑色の葉は、明るい葉色、例えば *Apo.* ウルヴァケウスやシペルスなどとの相性がよい。強い照明はコケが付く原因になるので注意

アヌビアス・バルテリー

Anubias barteri

サトイモ科
分布：ナイジェリア、カメルーン、赤道ギニア
光量：☐　CO₂量：●　底床：▲▲▲

ナナと並びアヌビアスを代表する強健種・人気種にして、水草のなかでも最も育てやすい種類のひとつである。高さは40cmほどになり、葉身は披針形から狭卵形、基部は心形または切形、葉縁は波状。アフリカの自生地では川沿いの岩上や流木に着生して、抽水や稀に沈水の状態で生活、水槽でも活着を楽しむことは容易だ。生長の早さも魅力

アヌビアス・バルテリー・'バタフライ'

Anubias barteri 'Butterfly'

サトイモ科
改良品種
光量：☐　CO₂量：●　底床：▲▲

葉を縦につぶしたように主脈を中心にして強いシワがよる。葉の形も同様に、縦がつぶれて横が広がったように幅広に。バルテリーらしく大柄に育ち、生長したものは強い存在感を放つ。複雑な葉の表面が、LEDの光を反射するのも見どころ。葉が横に張り出しスペースが必要になるので、植える場所を慎重に決めるか、移動できるよう石などに着生させておくのもよい

アヌビアス・バルテリー・'ダイヤモンド'

Anubias barteri 'Diamond'

サトイモ科
改良品種
光量：☐　CO₂量：●　底床：▲▲

葉幅が広く、フラットで葉脈はあまり目立たない。先端は鋭くとがるものの、全体的には丸みを帯びた印象。いかにもバルテリーという感じがなく、主張が強くないぶん、色々な種類の水草と合わせやすい。底床に直接植え込む際は、根茎を深く埋め込んでしまうと腐敗することもある。活着させる場合もビニタイなどで強く締め過ぎると同様なので注意したい

アヌビアス・バルテリー・'ブロードリーフ'

Anubias barteri 'Broad Leaf'

サトイモ科
改良品種
光量：□　CO₂量：●　底床：▲▲

ノーマル種の葉幅が広くなったバリエーション。高さや生長
のよさに変わりはない。バルテリーの大らかな魅力を強調し
たかのような広卵形の葉が目を引き付ける。ファームによっ
て葉面がフラットなタイプとウェーブが顕著なタイプがある。
一般種だがメインを張れる存在感は十分。CO₂の添加がなく
ても健康的に育つので、大型魚が中心の水槽にも重宝する

アヌビアス・バルテリー・'ストライプ'

Anubias barteri 'Striped'

サトイモ科
改良品種
光量：□　CO₂量：●　底床：▲▲

葉色が全体的に明るく、葉脈部分の色の濃さとくぼみが目立
つのが特徴のひとつ。やや細身の卵形で、葉先が鋭く尖る
のも本タイプの特徴になっている。ややコケが付きやすいので、
窒素過多、長時間の照明、水の淀みには注意。その他の育成
方法はノーマル種に準じる。柔らかい印象のおかげで、細葉
の有茎草や細かい前景草との相性もよく使い易い

アヌビアス・バルテリー・'リンクルリーフ'

Anubias barteri 'Winkled Leaf'

サトイモ科
改良品種
光量：□　CO₂量：●　底床：▲▲

葉脈による「シワ」が顕著なのが特徴。側脈に沿って葉面は
深く凹み、次の側脈との間が大きく盛り上がる。その連続で
波状になっている。照りの強い質感と相まって、大変装飾的
だ。丸みを帯びるほど葉幅が広く、'コインリーフ'によく似
ているが、本種のほうは葉先が鋭いことで区別が可能である。
育成はノーマルのバルテリーに準じ、たいへん丈夫

アヌビアス・カラディフォリア

Anubias barteri var. *caladifolia*

サトイモ科
分布：ナイジェリア、カメルーン、赤道ギニア
光量：□　CO₂量：●　底床：▲▲

バルテリーの大型の変種で、基本種よりも葉幅が広くなる。最
もわかりやすい特徴は葉の基部がやじり形になることで、これ
は大きく生長した際に顕著に表れる。葉の先端に短突起がな
いのも同定のポイント。原産地が同じクリナムやボルビティス
と組み合わせると、レイアウトの雰囲気に一貫性が生まれる。
赤茶色の底床や石、流木との組み合わせが素晴らしい

アヌビアス・'コーヒーフォリア'

Anubias barteri var. *coffeifolia*

サトイモ科
分布：不明
光量：☐　CO$_2$量：●　底床：▲ ▲

新しい葉はコーヒーを思わせる赤茶に色付く。楕円形で光沢
のある葉も側脈に合わせて凹凸があり、コーヒーの木を連想
させる非常に観賞価値の高い種類。単品でも十分に見映えが
よい。育成はバルテリーに準じるが、生長は早くない。活着
も可能だが、基本種ほど大きくならないので、きれいな葉を
観賞しやすいように中景に植え込むのもおすすめ

アヌビアス・グラブラ

Anubias barteri var. *glabra*

サトイモ科
分布：ギニア、リベリア、コートジボワール、ナイジェ
リア、カメルーン、赤道ギニア、ガボン、コンゴ共和国
光量：☐　CO$_2$量：●　底床：▲ ▲

バルテリーの変種の中では最も分布域が広く、そのため形態
の変異も大きい。葉は狭楕円形から披針形状狭卵形、葉の基
部は心臓形、切形、くさび形などバリエーションに富む。本
種を含めバルテリーの仲間は仏炎苞が開花時に広がり、外へ
曲がるので、そこが同定ポイントのひとつになる。細葉でレ
イアウトにも重宝する水槽栽培向きの種類である

アヌビアス・グラブラ・'斑入り'

Anubias barteri var. *glabra* 'Variegatus'

サトイモ科　／　別名：アヌビアス・ミニマ・'斑入り'
改良品種
光量：☐　CO$_2$量：●　底床：▲ ▲

グラブラは分布の広さから葉形に変異が多く、ワイルド便で
は一見すると同じ種類とは思えないものも少なくない。その
ためか、ファーム物でも様々な通称名で流通している。その
中で一般的に使用されている名称が「ミニマ」で、その斑入
り種でポピュラーに出回っているものが本種である。活着も
可能だが、地植えで施肥したほうがきれいに育つ

アヌビアス・アングスティフォリア

Anubias barteri var. *angustifolia*

サトイモ科　／　分布：ギニア、リベリア、コートジボワ
ール、カメルーン
光量：☐　CO$_2$量：●　底床：▲ ▲

葉身は線形から狭楕円形で、同じ変種のグラブラよりもさら
に細身。とてもバルテリーのバラエティとは思えない葉の形
をしている。照り感の強い濃い緑色も特徴的だ。フラットな
葉と赤味を帯びることの多い葉柄が装飾的。細身ゆえに有茎
草との相性もよく、レイアウトに使い易い。ぜひとも、葉柄
の赤色がアクセントになるように配置してもらいたい

アヌビアス・'フラゼリー'
Anubias 'Frazeri'

サトイモ科 ／ 改良品種
光量：□　CO₂量：●　底床：▲▲▲

オーストラリアのエドウィン・フレイザー氏によって作出されたハイブリッドのひとつ。バルテリーとヘテロフィラの交配によるもので、フロリダにあるファームがその交配種にフレイザー氏の名前を与えたのが由来。葉身は狭楕円形から披針形、葉縁は全縁で、先端は鋭頭。葉柄が長く伸びる後景向きの大型種である。両親の血を引き継ぎ、水中生活は得意

アヌビアス・'ガボン'
Anubias sp. 'Gabon'

サトイモ科 ／ 分布：ガボン
光量：□　CO₂量：●　底床：▲▲▲

濃い葉色と楕円形の葉が特徴のアヌビアスの一種。葉身は楕円形から細身の卵形で、6〜9cm。葉柄は葉長と同程度。ナナ寄りのグラブラといった印象のバルテリーの仲間と思われる。育成はナナに準じ、活着もしやすい。コンパクトなので小型水槽にも使い易く、例えばナナの小型品種との組み合わせも違和感がなく、一緒に活着させてレイアウトしてもおもしろい

アヌビアス・'ショート＆シャープ'
Anubias 'Short & Sharp'

サトイモ科
改良品種
光量：□　CO₂量：●　底床：▲▲▲

葉長と同じかそれより長い葉柄に、狭披針形の葉を付ける。葉の先端は鋭形（鋭先形）。まさに名前の通りの姿をしている。葉の基部はくさび形から心臓形で、葉縁はゆるい波状、グラブラとの関連が強くうかがえる。育成はバルテリーに準じ、活着も容易。長めの葉柄を活かし、小型水槽の後景で有茎草と絡め、アクセントになるように使ってもおもしろい

アヌビアス・'ナンギ'
Anubias 'Nangi'

サトイモ科
改良品種
光量：□　CO₂量：●　底床：▲▲▲

ナナとギレッティのハイブリッドで、葉身は卵形、フラットからややしわが入り、全体的に弱くねじれるものもある。先端は長く尖り、基部は切形から浅い心形。葉の長さ8〜11cm、幅3〜4cm、葉柄は5〜10cmと短めで小さめの水槽でも使い易い。同じく交配種であるフラゼリーに比べ、表現はやや安定しないためハイブリッド感はあるが、不自然というほどではない

アヌビアス・グラキリス

Anubias gracilis

サトイモ科 ／ 分布：ギニア、シエラレオネ
光量：☐ CO₂量：● 底床：▲▲

特徴的な三角形の葉を持つ種類。通称「耳」と呼ばれる側裂片を持つ人気の「耳付き」アヌビアスのひとつである。葉身は若干ほこ形状で3浅裂。葉の先端は鈍形、側裂片の葉先は円形。水中生活も可能だが、生長は非常に遅くなる。テラリウムやパルダリウムでの水上栽培の方が適している。西アフリカの水辺を再現するなら本種は欠かせないアイテムだ

クリプトコリネ・アフィニス

Cryptocoryne affinis

サトイモ科 ／ 分布：マレー半島
光量：☐ CO₂量：● 底床：▲▲

葉は披針形から狭披針形、長さ23cmまで、幅2〜5cm、全体の高さは10〜40cm。葉身の凹凸がある、なし、葉の色、サイズなど、かなり変異に富み、育て方によっても変わるため、イメージがつかみにくい。現在は茶系で凹凸のはっきりとしたものがメイン。栽培の難易度も様々だが、クリプト育成の基本さえ押さえておけば、それほど難しいものではない

クリプトコリネ・アルビダ

Cryptocoryne albida

サトイモ科 ／ 分布：タイ、ミャンマー
光量：☐ CO₂量：● 底床：▲▲

小型の細葉系クリプト。すっきりとした姿の美種で、披針形の葉は長さ10〜30cm、幅1〜2cmで、平滑からわずかに波状。葉色は変化に富み、明るい緑色の他、茶褐色がかるもの、赤味の強いものまで様々。ただし、環境によっても変化し、暗いと緑色になりやすい。育成は難しくなく、大型水槽の前〜中景にも人気。コスタータの名で入荷するものも本種である

クリプトコリネ・アルビダ・'レッド'

Cryptocoryne albida 'Red'

サトイモ科 ／ 分布：タイ、ミャンマー
光量：☐ CO₂量：● 底床：▲▲

アルビダ・'ブラウン'で流通するものも含め、アルビダ種の中で赤茶色を強く表現するバリエーションで、観賞価値は高い。褐色の細かく入る縞模様もアクセントとなり、大変美しい。確実に赤を引き出すためには、強い光量の照射は必須。そのため、陰になる場所ではなく、開けた場所が適している。目立つ所でも、不自然な色ではないので使い易い

クリプトコリネ・ベケッティ

Cryptocoryne beckettii

サトイモ科 ／ 分布：スリランカ
光量：□　CO₂量：◉　底床：▲▲

葉は狭卵形で鋭頭、葉縁は平滑から緩く波打ち、オリーブグリーンから茶色、葉裏は紫から赤味を帯びることが多い。育成条件が緩く、弱い光やCO₂の添加なしでも育てられる。また、水質への適応力も高く、特に高めの硬度への適応性があったため、ヨーロッパでは60年以上前と最も古くから栽培されている。伝統的かつ入門種としても最適な種類といえる

クリプトコリネ・'ペッチィ'

Cryptocoryne beckettii 'Petchii'

サトイモ科 ／ 分布：スリランカ
光量：□　CO₂量：◉　底床：▲▲

ベケッティの3倍体で、おそらくスリランカ中部キャンディの南西部に自生していたものが由来となっているのではないかといわれている。ベケッティよりもやや小型になり、葉縁の波うちが細かくよく入るのが特徴。また、暗色の横縞模様が入ることも多い。育成条件はベケッティ同様で、初心者向きの強健種。中景のポイントととして積極的に使いたい

クリプトコリネ・ベケッティ・'ヴィリディフォリア'

Cryptocoryne beckettii 'Viridifolia'

サトイモ科 ／ 改良品種
光量：□　CO₂量：◉　底床：▲▲

ペッチィ・ピンクと同じ2012年にイタリアのアヌビアス社から入荷した種類。ヴィリディフォリアが緑の葉を意味している通り、気中葉の明るい緑が特徴的である。赤い葉柄との対比が非常に美しく、水上栽培を楽しんでもよい。沈水葉はオリーブグリーンで暗色の縞模様がきれいに入り、赤味を帯びた葉裏も美しい。水上、水中ともに明るめの環境でよく育つ

クリプトコリネ・クボタエ

Cryptocoryne crispatula var. *kubotae*

サトイモ科 ／ 別名:クリプトコリネ・トンキネンシス(旧学名) ／ 分布：タイ東部
光量：□　CO₂量：◉　底床：▲▲

幅2～3mmの極細の葉を付けるクリスパチュラの変種。2015年に実は別種だったということでクボタエに学名が変更。旧名のトンキネンシスは中国とベトナムに分布する葉の波打つ別種を指す。旧名のままの流通もあるので注意。他のクリプトにはない繊細な姿が魅力で、単独よりも他種と組み合わせたほうが効果的。時間をかければ50cm以上に生長する

クリプトコリネ・リングア

Cryptocoryne lingua

サトイモ科 ／ 分布：マレーシア・ボルネオ
光量：□　CO₂量：●　底床：▲ ▲

肉厚でスプーンに似た形の高さ8〜15cmの種類。葉身は長さ2〜7cm、幅1〜3.5cm、葉柄は2〜7cm。ろう質のつやつやとした質感で、葉色は明るい緑。全体的に柔らかい雰囲気がある。海岸近くの河川岸など、潮間帯の淡水域の泥に自生。柔らかく深い泥で近付くのも難しい。ファーム物が入荷するので入手は容易。好む環境にクセがあり、生長はすこぶる遅い

クリプトコリネ・ポンテデリフォリア 🛡

Cryptocoryne pontederiifolia

サトイモ科 ／ 分布：インドネシア・スマトラ
光量：□　CO₂量：●　底床：▲ ▲

葉は披針形から卵形、長さ9〜14cm、幅3〜8cm、全体の高さが10〜40cm。CO₂と肥料の添加があるとコンパクトに育つ。葉は基本マットなグリーンで、茶色味を帯びることも。葉裏が薄い紫になることもあり美しい。水質の適応範囲が広く、クリプト独特の溶けやすさが見られず、育成は容易。40年以上前から栽培されている。もっと活用されるべきよい水草である

クリプトコリネ・ポンテデリフォリア・'ビッグレッド'

Cryptocoryne pontederiifolia 'Merah Besar'

サトイモ科 ／ 分布：インドネシア・スマトラ
光量：□　CO₂量：●　底床：▲ ▲

インドネシア語の「Merah Besar」、英語訳で「Big Red」の品種名が付いていることからわかる通り、大型で葉裏の赤色が顕著なバリエーション。ポンテの色付きとしては珍しく、人気も高い。ノーマル同様の強健種で、溶けるようなこともほとんどない。赤味を強く引き出すため、強い光と底床肥料はしっかりと用意したい。後ろ寄りの中景で活躍できる

クリプトコリネ・ポンテデリフォリア・'ローズ'

Cryptocoryne pontederiifolia 'Rose'

サトイモ科 ／ 分布：インドネシア・スマトラ
光量：□　CO₂量：●　底床：▲ ▲

ポンテデリフォリアの葉裏がピンク色なのは当たり前だが、台湾のファームから入荷した本種は、葉の表面もピンク色に染まりやすいタイプ。写真ではわかりづらいが、実物は発色がよく、はっきりピンク色とわかる。葉色は次第に緑へと変化するものの、群生させると水槽内に華やかなスポットを作ることが可能。発色をよくさせるには強光が有効である

クリプトコリネ・カウディゲラ

Cryptocoryne spiralis var. caudigera

サトイモ科
分布：インド
光量：□　CO₂量：◐　底床：▲▲

数年前に記載されたばかりの変種だが、自生地からヨーロッパの研究者の元に渡ったのは1986年。開花が見られるまでに26年かかったという。育成自体はとても容易で、初心者にもおすすめできる強健種。きれいな緑色の沈水葉は長さ20〜30cm。生長が早くないので中景にも使い易く、短いランナーで増えボリューム感も次第に出る優等生

クリプトコリネ・ウンドゥラータ

Cryptocoryne undulata

サトイモ科
分布：スリランカ
光量：□　CO₂量：◐　底床：▲▲

葉は披針形から狭披針形で、長さ4〜15cm、幅1〜3cm、全体の高さは10〜25cm。写真はグリーンタイプで、大きくなりにくく細身の葉がレイアウトに使い易い。明るめの緑色に茶色が少し乗り、光、栄養分が多いと濃くなっていく。育成は容易で水槽向き。同じスリランカ産のベケッティやワルケリーとは、花の確認なしに同定できないほどよく似ている

クリプトコリネ・ウンドゥラータ・ 'ブラウン'

Cryptocoryne undulata 'Brown'

サトイモ科　／　分布：スリランカ
光量：□　CO₂量：◐　底床：▲▲

ヨーロッパのファームから入荷するブラウンタイプのバリエーションで、赤味の強い茶色を示すレッドタイプ、茶色味を帯びる緑色のグリーンタイプとは、明らかに異なる表現を示す。本種はいかにも茶色という色彩をしている。そのため、緑色との対比が素晴らしくよく、流木や石がなくても、有茎中心の柔らかなレイアウトの引き締め役として活躍する

クリプトコリネ・ウンドゥラータ・ 'レッド'

Cryptocoryne undulata 'Red'

サトイモ科　／　分布：スリランカ
光量：□　CO₂量：◐　底床：▲▲

赤を含んだ茶系の葉色が目を引く種類。改良品種などではなく、野生に自生していたもの。葉縁はしっかりと波打ち、濃い緑から褐色の縞模様が入る。育成するだけなら必ずしもCO₂の添加は必要ないが、特徴をしっかりと表現させるなら与えたい。また、強い光と施肥も重要。この部分が不足すると、色は薄く緑色寄りになり、草体も大きめに育つようになる

クリプトコリネ・ウンドゥラータ・'ブロードリーフ'

Cryptocoryne undulata 'Broad Leaves'

サトイモ科 ／ 分布：スリランカ
光量：□ CO$_2$量：● 底床：▲ ▲

ウンドゥラータの3倍体で幅広の葉が特徴。葉縁の波打ちはノーマルのように強くはなく緩め。高さは10〜25cm。1株のロゼットで10〜20cmの幅を取るので、特に小型水槽では計画を立ててから植えたい。前に植えすぎると邪魔になるが、空きがちな空間を埋めるのにはもってこいの種類といえる。丈夫で育て易いので中景に積極的に使ってほしいクリプト

クリプトコリネ・ワルケリー

Cryptocoryne walkeri

サトイモ科 ／ 分布：スリランカ
光量：□ CO$_2$量：● 底床：▲ ▲

葉は披針形、卵形から狭卵形、長さ3〜9cm、幅1.5〜3.5cm、全体の高さが10〜25cm。全縁からはっきりと波打つときも。葉色はダークブロンズからグリーン。本種は形態の幅が広く、ルテア、レグロイを含め、多くの関連種が数十年にわたって異なる種とされていたが、中間的なものが多く、連続性も見られるため、現在はワルケリーにまとめられている

クリプトコリネ・ルテア

Cryptocoryne walkeri 'Lutea'

サトイモ科 ／ 分布：スリランカ
光量：□ CO$_2$量：● 底床：▲ ▲

葉は披針形から狭披針形で、葉長8〜12cm、幅2〜3cm、葉縁は緩く波打つ。葉柄はワルケリーより長め。葉色は暗緑色から茶褐色、葉裏は赤味を帯びる。以前は別種とされていたが、現在ではワルケリーの範疇にまとめられている。だが、いまだに昔の学名のまま販売されていることも多い。古くから親しまれている強健種で、中景のポイントに最適である

クリプトコリネ・'レグロイ'

Cryptocoryne walkeri 'Legroi'

サトイモ科 ／ 分布：スリランカ
光量：□ CO$_2$量：● 底床：▲ ▲

ワルケリーの3倍体。高さ10〜15cm。葉は卵形から披針形、光沢のあるオリーブグリーンから薄い赤褐色、濃い茶色に、葉裏は赤から赤茶色。以前イタリアのファームから入荷したsp. サンセットは、ドイツやオランダのファームから入荷する本種とよく似たものであった。水槽内では赤味を帯びやすく、斑模様のように色の濃淡が出ることもあり美しい種類

クリプトコリネ・'ルーケンス'

Cryptocoryne × willisii 'Lucens'

サトイモ科 ／ 分布：スリランカ
光量：☐　CO₂量：●　底床：▲ ▲

パルヴァと、ワルケリーとベケッティによる自然交雑種であるウィリシィのなかでは、やや大きく育つタイプ。細めの披針形で、葉縁に茶色の模様が入る。密植度合いが低いと寝るように開いて育つが、株が充実し密生してくると立ち上がり、葉長も長くなる傾向が見られる。細葉の有茎種と合わせやすく、レイアウトの前景後半から中景前半に使うと効果的

クリプトコリネ・ウェンティ・'グリーン'

Cryptocoryne wendtii

サトイモ科 ／ 分布：スリランカ
光量：☐　CO₂量：●　底床：▲ ▲

葉は楕円形から狭楕円形、狭卵形などで、長さ5〜15cm、幅1〜4.5cm、全体の高さ10〜20cm。葉色は緑から茶色まで育成環境によって大きく変化。CO₂の添加、強い光がなくても育てられるため、クリプトコリネの入門種として、最も見る機会の多いもののひとつである。クリプトは頻繁な植え替えを嫌うので、大きくなった時のサイズを確かめてから植えたい

クリプトコリネ・'フラミンゴ'

Cryptocoryne wendtii 'Flamingo'

サトイモ科 ／ 改良品種
光量：☐　CO₂量：●　底床：▲ ▲

名前通りのピンク色の葉を持つ改良品種。初入荷では、その衝撃的な色が話題に。水槽栽培ではど派手さは薄まるが、それでも目立つことに変わりはない。数少ない明色のクリプトのなかでさらに異彩を放ち、陰だけでなく、陽も演出できる素材として、新しいレイアウトの可能性を広げてくれる。他の明色のクリプト同様、明るい環境の方が、葉色はより冴える

クリプトコリネ・'フロリダサンセット'

Cryptocoryne wendtii 'Florida Sunset'

サトイモ科 ／ 改良品種
光量：☐　CO₂量：●　底床：▲ ▲

美しい斑入り葉が特徴。アメリカのファームで見付かったウェンティ・ミオヤの斑入りを増殖したもの。2009年から流通している人気品種である。茶緑、白、ピンクなど様々な色の組み合わせを楽しめる。性質はミオヤを引き継ぎ、大きく育つ強健種だが、CO₂の添加と明るい環境を用意した方が斑模様はよく冴える。流木の影などでさりげなく使うのがおしゃれ

クリプトコリネ・ウェンティ・'グリーンゲッコー'

Cryptocoryne wendtii 'Green Gecko'

サトイモ科 ／ 改良品種
光量：□　CO₂量：●　底床：▲ ▲

シンガポールのファームで出現した変異株。薄い黄緑色の葉に緑色の葉脈が映え、葉の下部からにじむように茶色が広がっていく、その風変わりなコントラストが美しいバリエーション。育成自体はノーマルに準じるが、特徴のカラーリングを堪能するには高光量が必要。シダ系の濃い緑はもちろん、ウォーターローンなどの明るい色の前景草との相性もよい

クリプトコリネ・ウェンティ・'ミオヤ'

Cryptocoryne wendtii 'Mi Oya'

サトイモ科 ／ 分布：スリランカ
光量：□　CO₂量：●　底床：▲ ▲

スリランカの川の名前が付いた世界的にポピュラーなバリエーションで、高さ 25 〜 35cm と大きく育つのが特徴。濃いオリーブグリーンからブラウン、褐色の縞模様が細かく入り、凹凸が出ることもある。葉縁は波打ち、葉裏が明るめの赤茶色で、表との対比が美しい。底床肥料を施し、しっかりと大きく育て上げたい。原産地の環境から高水温に強いのも特徴

クリプトコリネ・ウェンティ・'リアルグリーン'

Cryptocoryne wendtii 'Real Green'

サトイモ科 ／ 分布：スリランカ
光量：□　CO₂量：●　底床：▲ ▲

1995 年に初入荷を遂げてから変わらず高い人気を誇る種類。その理由はきれいなグリーンの葉色と、初心者にもおすすめできる強健さ。ウェンティ・グリーンと異なり茶色味を帯びることがないのが最大の特徴。グリーンのままという存在価値は高い。レイアウトが暗くならず、周りの色もうまく引き立たせてくれる。高光量でコンパクトな草姿を維持できるのも魅力

クリプトコリネ・ウェンティ・'トロピカ'

Cryptocoryne wendtii 'Tropica'

サトイモ科 ／ 分布：スリランカ
光量：□　CO₂量：●　底床：▲ ▲

高さは 10 〜 20cm。葉色は濃い茶系で、褐色の縞模様も入る。葉縁は緩く波打ち、葉身の凹凸がはっきりと入る美麗種。デンマークの有名な水草ファームであるトロピカ社の名前が付けられたバリエーションのひとつ。ウェンティのなかでも比較的丈夫で育てやすいため、初心者にもおすすめできる。陰になる場所だけでなく、中景の目立つ場所でも活躍させたい

クリプトコリネ・ウェンティ・'ブラウン'

Cryptocoryne wendtii 'Brown'

サトイモ科 ／ 分布：スリランカ
光量：□ CO₂量：● 底床：▲ ▲

茶色い葉が特徴。葉縁は緩く波打ち、葉身に凹凸が出ることもある。弱光下だとグリーンとの差がなくなってしまう。クリプトコリネの栽培では、基本的に光が強く栄養分が多いと、茶系色が濃く現れ、光が弱く栄養分に乏しいと緑系になる傾向がある。この辺を頭に入れておくとレイアウトでもイメージに近付け易くなる。しっかりと光に当て特徴を引き出したい

ラゲナンドラ・'ケラレンシス'

Lagenandra sp. 'keralensis'

サトイモ科 ／ 分布：インド
光量：□ CO₂量：● 底床：▲ ▲

ケラレンシスの名前で流通するが別種。披針形から倒披針形の葉を持ち、細長い印象が強い種類。新しい葉がピンク色を含んだ薄い茶褐色。次第に茶色が濃くなり、オリーブグリーンに変わることも。ラゲナンドラとしてはやや溶けやすいので、水質の急変などには注意。クリプトコリネを育てるような感覚で、しっかりと根を張らせると迫力のある姿を楽しめる

ラゲナンドラ・メエボルディ

Lagenandra meeboldii

サトイモ科 ／ 分布：インド
光量：□ CO₂量：● 底床：▲ ▲

葉は卵形から楕円形、長さ6～15cm、幅3.5～7cm、葉柄は5～20cm、全体の高さ20～35cm。葉の色、形ともに表現の幅が広い。他種との混同も見られる。育成は容易だが、サイズをコンパクトに収めたい場合は、強い光、CO₂の添加が効果的。植え込みの際は傷んだ葉は根元でカットする。腐敗する場合もあるので根茎をできる限り埋めないように注意

ラゲナンドラ・メエボルディ・'レッド'

Lagenandra meeboldii 'Red'

サトイモ科 ／ 分布：インド
光量：□ CO₂量：● 底床：▲ ▲

赤味を帯びるバリエーション。葉は沈んだ赤色を含む茶色系で、育成に際して、強い光を用意することによって、赤を強く引き出すことができる。底床肥料、CO₂の添加も有効。輸入当初など高いストレスがあるときを別にすれば、水換えのし過ぎなど、栽培環境の急変でクリプトのように溶けることはまずない。落ち着いた色合いが周りの水草をうまく引き立てる

ラゲナンドラ・ナイリィ

Lagenandra nairii

サトイモ科
分布：インド
光量：□　CO₂量：●　底床：▲▲

葉は楕円形から卵形、長さ 8 ～ 17cm、幅 5 ～ 9cm、葉柄 3
～ 30cm、全体の高さ 30cm。水槽内では葉柄は短く、地面
に張り付くように育つため、高さは出ない。葉色はグリーン
で、葉縁は緩く波打つ。水中では葉が外側へ巻くのが特徴的
で、メエボルディとの見分けは容易。テラリウムにも向いて
いるが、寒さに弱いので、冬場の温度管理には注意が必要

ラゲナンドラ・'V. チャンドラ'

Lagenandra sp. 'V.chandra'

サトイモ科　／　別名：ラゲナンドラ・メエボルディ・ヴ
ィネイチャンドラ　／　分布：インド
光量：□　CO₂量：●　底床：▲▲

人名を冠せられた、ピンク色の模様が美しいラゲナンドラの一
種。インド南部に分布するメエボルディ種 *L.meeboldii* の色変
わりタイプにあたるものだと思われる。ロザエタイプとでもい
えそうなほど観賞価値は高い。メエボルディにはグリーンタイ
プやレッドタイプ、また、同ファームにはパールホワイトの斑
模様を持つ美しいタイプもあり、コレクションをしても楽しい

ラゲナンドラ・スワイテシィ

Lagenandra thwaitesii

サトイモ科　／　分布：スリランカ
光量：□　CO₂量：●　底床：▲▲

高さ 50cm ほどになるが、水槽内では半分ほどの大きさに。
入荷サイズはさらにその半分ほどで、生長はクリプトよりも遅
め。増殖も可能だが、これもかなりゆっくりとしか子株を形
成しない。葉は披針形、葉縁は波打ち、入荷時にある白い縁
取りは水槽内では消滅する。葉色は緑。色が薄くなりがちな
ので施肥は効果的。高さが変わりにくいので中景に使い易い

ヤマサキカズラ

Scindapsus sp. 'Papua New Guinea'

サトイモ科　／　分布：パプアニューギニア
光量：□　CO₂量：●　底床：▲▲

日本を代表する水草研究家、山﨑美津夫氏によって紹介され
た、テラリウム、アクアリウム両方で活躍する優れた水草で
ある。テラリウムではつる性を活かして大きくすることも、ト
リミングでコンパクトに楽しむことも可能。水槽内でも強健
で、硬い葉を利用して金魚水槽に使用することもできるほど。
マニアにも人気が高く、中景から後景まで幅広く活躍する

エキノドルス・'アフレイム'

Echinodorus 'Aflame'

オモダカ科
改良品種
光量：□　CO₂量：●　底床：▲▲△

オランダのアクアフローラ社からリリースされた独特のダークな色彩を持つ品種。沈水葉は濃い赤紫から深紅。高さ20〜40cm。個性的な葉が目を引く存在。斑入り葉や黄金葉などと賑やかに組み合わせてエキゾチックなレイアウトを作ってもおもしろい。花は咲かず組織培養で増殖。最近はその組織培養で増殖されたメリクロンカップのままでの流通も見られる

エキノドルス・'グリーンカメレオン'

Echinodorus 'Green Chameleon'

オモダカ科
改良品種
光量：□　CO₂量：●　底床：▲▲△

ドイツのデナリー社からリリースされた、何ともいえない不思議な色彩を持つ品種。同社の改良エキノ、シンプリーレッドが親であるようだが、個性的な表現からはその影響を垣間見ることはできない。水上はオリエンタルやトリカラーのような明るい緑。水中では緑に赤味が複雑に差す。赤味は次第に増え、まさにカメレオンの名に相応しい変わりぶりを見せてくれる

エキノドルス・コルディフォリウス

Echinodorus cordifolius

オモダカ科　／　分布：北米、中米、南米
光量：□　CO₂量：●　底床：▲▲△

古くから親しまれ、「ラジカンス」と呼ばれていた丸葉系の原種エキノ。沈水葉は卵形から心形、長さ20cm、幅15cmで、葉柄は短め。分布域が広く、同種には多様な種とする説と、それぞれを別種とする説が存在する。水中栽培が困難なものも含まれているが、一般的に流通するものに関しては育成が容易。12時間以上光を当てると浮葉を付けるので短日条件で栽培する

エキノドルス・'ディープパープル'

Echinodorus 'Deep Purple'

オモダカ科　／　改良品種
光量：□　CO₂量：●　底床：▲▲△

ビューティーレッドとホレマニーレッドの交配種。名前通りの濃い赤紫色の葉が特徴。沈水葉は先端の鈍い長楕円形で、10cmほどの長さに幅3〜4cm、葉柄は葉身と同じくらいで、高さが15〜25cm、黒みを帯びるようなダークな赤色に。強い光を当て、肥沃な底床を用意すれば強い着色が見られる。黄金葉などと大胆に組み合わせたほうがしっくりと使える

エキノドルス・'ファンタスティックカラー'

Echinodorus 'Fantastic Color'

オモダカ科 ／ 改良品種
光量：☐　CO₂量：●　底床：▲ ▲

アフレイムとウルグアイエンシスという人気種同士の交配によってできた品種。ドイツの Tomas Kaliebe 氏の作出。アフレイムの赤味とウルグアイエンシスの細身を併せ持つ。特に新しい葉の濃い紫に近い赤色は素晴らしい。葉は狭い披針形。高さは 25 ～ 30cm に。葉数が増えた大株は見事。肥料不足ではきれいにならないので、底床肥料は必ず施したい

エキノドルス・'アパート'

Echinodorus 'Apart'

モダカ科 ／ 改良品種
光量：☐　CO₂量：●　底床：▲ ▲

ドイツのハンス・バース氏が作出した、ホレマニーレッドとポルトアレグレンシスの交配種。葉を寝かせて開くように育つため、ロゼットの幅が広く、直径30cm、高さは 15cm ほどに。透明感があり、やや赤みを帯びる深緑色の葉は、硬く捩れるように伸びる。オパクスやポルトアレグレンシスに似た姿で、育成が難しくないので、気軽に深緑系エキノの雰囲気が楽しめる

ブロードリーフ・アマゾンソードプラント・'コンパクタ'

Echinodorus grisebachii 'Bleherae Compacta'

オモダカ科 ／ 改良品種
光量：☐　CO₂量：●　底床：▲ ▲

アメリカ、フロリダにあるファームで、ノーマルのブレヘリーのなかから選別を繰り返しながら作出された矮性種。姿形や強健さはノーマルのまま、高さは 15cm ほどにしかならず、小型水槽でもブレヘリーの魅力を十分に堪能できるという、スモールタンク全盛の今にぴったりの優良品種といえる。鉢植えで根域制限するとさらにコンパクトに楽しむこともできる

キューピーアマゾン

Echinodorus grisebachii 'Tropica'

オモダカ科 ／ 改良品種
光量：☐　CO₂量：●　底床：▲ ▲

改良エキノドルスの先駆けで 1980 年代中頃からヨーロッパで流通。パルビフロルスのなかから出現した矮性品種。シンガポールかスリランカのファームが由来といわれている。トロピカの名前が付いたのは 1985 年で、以来広く流通。葉先がキューピー人形の頭を連想させることもあって、現在でも人気が高い。水槽では 5 ～ 6cm と小型。高水温にはやや弱い面を見せる

エキノドルス・'ハディレッドパール'

Echinodorus 'Hadi Red Pearl'

オモダカ科 ／ 改良品種
光量：□ CO₂量：● 底床：▲ ▲

珍しくアジア発の改良品種で、インドネシアのファームから
リリースされている。丈の低い小～中型種で、葉は幅の広い
楕円形。気中葉には緑色に赤褐色の斑点状の模様がまばらに
入る。沈水葉は赤系で、新葉は特に鮮やかな赤色になり、ス
ポット状に赤味が抜ける独特の模様が美しい。古い外側の葉
になるに従い、深緑へと変化していく渋さもよい

エキノドルス・'インディアンサマー'

Echinodorus 'Indian Summer'

オモダカ科 ／ 改良品種
光量：□ CO₂量：● 底床：▲ ▲

スモールベアとオゼロットの交配種で、ドイツの Tomas Kaliebe
氏の作出。沈水葉は披針形で、長さ 20 ～ 25cm、幅 5cm、葉
柄は葉身の長さと同じくらいになる大型種。葉色は変化に富み、
暗い赤色から、茶色、オレンジ、緑と、インディアンサマーの名
前の通り北米の秋の風景を連想させるような、暖かみのある落
ち着いた色合いが魅力。赤系水草と合わせて楽しみたい

エキノドルス・'ジャガー'

Echinodorus 'Jaguar'

オモダカ科 ／ 改良品種
光量：□ CO₂量：● 底床：▲ ▲

ドイツのハンス・バース氏が作出した改良品種。沈水葉は楕
円形で、高さ 20 ～ 30cm。特に新しい葉に多く入る赤褐色
のスポット状の斑模様が名前の由来に。赤系全盛の改良エキ
ノの中にあって緑の葉を持つ数少ない種類のひとつ。新葉の
明るいグリーンは目を引き付ける。華やかな有茎草にも合う
が、野性味の残る姿は現地風レイアウトにも使い易い

エキノドルス・オシリス・'ゴールデン'

Echinodorus osiris 'Golden'

オモダカ科 ／ 別名：ゴールデンメロンソード／改良品種
光量：□ CO₂量：● 底床：▲ ▲

通称のゴールデンメロンの名に相応しい黄金葉品種。特に気
中葉は目にも鮮やかな黄色で観賞価値が高い。沈水葉もノー
マルから黄色味は帯びるが、オシリスが持つ軽い透明感も相
まって、それがさらに顕著に見える。新しい葉が薄く赤味が
かるのも同様で、アクセントとして、よりゴールド感を引き立
ててくれる。色や形の異なる素材と組み合わせるとよい

エキノドルス・オパクス

Echinodorus opacus

オモダカ科 ／ 分布：ブラジル南部
光量：□　CO₂量：●　底床：▲ ▲

葉の長さ 13cm、幅 8cm、皮質で硬い葉は卵形で、暗く深い
緑色。根茎が這いながら生長。弱酸性でやや低めの水温を好む。
3 倍体でグランディフロルスとロンギスカプスの自然交雑種。
産地違いによるバリエーションもあるが、スタンダードはヴェ
ルデ産といわれている。やや透明感のある質感を活かし、ジャ
ワファン・'クスピダータ'との組み合わせもおもしろい

エキノドルス・'オリエンタル'

Echinodorus 'Oriental'

オモダカ科 ／ 改良品種
光量：□　CO₂量：●　底床：▲ ▲

シンガポールの大手水草ファーム、オリエンタル社で、ローズの
組織培養苗から得られた突然変異体。1994 年から現在まで 25
年以上、数少ないピンク系エキノの代表種としての人気を保ち
続けるロングセラー種となっている。22 ～ 25℃と比較的低め
の水温と、強い照明を用意することによって、4、5 枚目までの
新しい葉がしっかりとピンクに発色する。施肥も必須である

エキノドルス・'スモールプリンス'

Echinodorus 'Kleiner Prinz'

オモダカ科
別名：エキノドルス・'クライナープリンツ' ／ 改良品種
光量：□　CO₂量：●　底床：▲ ▲

インディアンレッドとスモールベアの交配種。沈水葉は長さ 9
～ 10cm、幅 2 ～ 2.5cm、葉柄を含めても水深 20cm もあれ
ば十分に育成が可能な、小さな水槽にぴったりの小型種。こ
のサイズで赤系で細葉、しかも丈夫というのは貴重な存在。ド
イツの Tomas Kaliebe 氏の作出で、ズーロジカからリリース
されていたが、現在は東南アジアのファームから入荷している

エキノドルス・'カメレオン'

Echinodorus 'Chameleon'

オモダカ科
改良品種
光量：□　CO₂量：●　底床：▲ ▲

葉に若干ウェーブがかかり、ややねじれるように育つことも。
葉脈はシンプルに白っぽく抜ける昔からのスタイル。赤みは
濃く、紫色を帯びることもある。クセがなく育てやすいが、
よりよい発色を望むなら強光は用意したい。初入荷はインド
ネシアのファームで、現在、別の国のファームでも生産され
ている。よく似た名前をしたヨーロッパのものは別種

エキノドルス・'アルジュナ'

Echinodorus 'Arjuna'

オモダカ科 ／ 改良品種
光量：□ CO₂量：● 底床：▲ ▲

インドネシアのファームがリリースしている個性的な品種。ヒンドゥー教の叙事詩「マハーバーラタ」に登場する英雄にアルジュナという名前があり、その名が「白色」を意味するところから、赤い沈水葉に入る白っぽい大きな斑模様にちなんで付けられたのではないかと考えられる。この模様は新葉で顕著に現れ、次第に薄く目立たなくなっていき赤い葉に変わる

エキノドルス・'オゼロット'

Echinodorus 'Ozelot'

オモダカ科 ／ 改良品種
光量：□ CO₂量：● 底床：▲ ▲

スクルエッテリィ・レオパードとバーシーの交配種で、1995年ドイツのハンス・バースのナーセリーで作出。赤茶色の斑模様が葉全体にきれいに入る、赤系斑入り種の銘品で今でも人気が高い。スモールベア同様、初心者向きの改良エキノ。育成自体は容易だが、高光量と施肥で、特に新葉の赤の発色がさらによくなる。同じ交配から様々な表現が得られている

エキノドルス・'タンゼンデフォイフェーダー'

Echinodorus 'Tanzende Feuerfeder'

オモダカ科 ／ 別名：ダンシングファイヤーフェザー
改良品種
光量：□ CO₂量：● 底床：▲ ▲

レッドフレイムと複数種のハイブリッドによる交配によって作出。2000年代に入って登場した、かすれたような色合いを持つ改良エキノを代表する品種。赤い斑模様が刷毛で掃いたように粗く、それでいて幾重にも複雑に、何とも表現しがたく入り魅力的。光が強くなくても模様は出やすい。沈水葉は長さ30cm、幅7cm、長い葉柄が付き、最大で70cmに達する大型種

エキノドルス・'レッドダイヤモンド'

Echinodorus 'Red Diamond'

オモダカ科 ／ 改良品種
光量：□ CO₂量：● 底床：▲ ▲

2006年にウクライナで作出された、ホレマニーレッドとバーシーの交配種。光沢と透明感を持つ独特の色合いが魅力。オリエンタルに似るが葉脈が白く抜けず赤い。葉は楕円形で長さ15〜20cm、幅2〜3cm、葉縁ははっきりと波打つ。葉色はルビーレッド。光、栄養分が多いと濃くなる。生長が遅く大きくなりにくいので、小型水槽のセンターとしても活用できる

エキノドルス・'レニ'

Echinodorus 'Reni'

オモダカ科 ／ 改良品種
光量：☐　CO₂量：●　底床：▲ ▲

ビックベアとオゼロットの交配種。沈水葉は広楕円形から長楕円形で、長さ 25cm、幅 8cm、葉柄は 10cm。鮮やかな赤紫色になる。クセがなく育て易い反面、中型種とはいえ、株張りは 15 〜 25cm になる。古い外葉を葉柄の元からこまめに切り取ると、コンパクトに仕立てられ、水の通りもよく環境を良好に保てる。色を濃くするには強い光、施肥が有効である

エキノドルス・'サンクトエルムスフェアー'

Echinodorus 'Sankt Elmsfeuer'

オモダカ科 ／ 改良品種
光量：☐　CO₂量：●　底床：▲ ▲

ビックベアとオゼロットの交配種。特徴的なバーガンディ色の葉は楕円形で、長さ 15 〜 30cm、幅 3 〜 5.5cm、葉柄は 15 〜 20cm。葉縁はわずかに波打つ。同じ交配親を持つレニによく似るが、本種のほうが細く長い。強い光の下で栽培され、特に一番新しく出た葉は、黒に近いような見事な赤紫色になる。葉脈も赤いのでより一層際立つ色合いは主役級の存在感を放つ

エキノドルス・'スモールベアー'

Echinodorus 'Small Bear'

オモダカ科 ／ 別名：'Kleiner Baer' 'Little Bear'
改良品種
光量：☐　CO₂量：●　底床：▲ ▲

バルビフロルスとバーシーとホレマニーレッドの交配によって作出。葉身は長さ 10 〜 15cm、幅 4 〜 7cm、葉身は 5 〜 10cm と短めで、高さは 15 〜 25cm とコンパクト。適正温度の幅が広く、入手も容易。初心者に最も適した赤系改良エキノのひとつ。クセがなく育て易いのは魅力的だ。自己主張し過ぎない葉色は、多彩な組み合わせを楽しむことを可能にしてくれる

エキノドルス・'スペクトラ'

Echinodorus 'Spectra'

オモダカ科 ／ 改良品種
光量：☐　CO₂量：●　底床：▲ ▲

幅広い色彩を見せてくれる、名前に相応しい改良品種。生育条件に応じて、淡い緑から、ピンク、パープル、さらにイエローやオレンジに近い色合いにも。よりよい発色を引き出すためには、強い光が効果的。周りに配置するものもロタラなど色とりどりの有茎草が相性抜群。オーストラリアンドワーフヒドロコティレなど、前を飾るものにも明るい緑がよく似合う

エキノドルス・ポルトアレグレンシス

Echinodorus portoalegrensis

オモダカ科 ／ 分布：ブラジル南部
光量：□　CO₂量：●　底床：▲ ▲

沈水葉は長さ5〜16cm、幅2〜7cm、根茎が這いながら生長。
皮質で硬い葉は暗く深い緑色。葉先を下にカール、また若干捩
れるように展開させる。生長は遅い。3倍または4倍体で、グ
ランディフロルスとロンギスカプスの自然交雑種といわれてい
る。21〜24℃とやや低めの水温、大磯系の砂利で育成。生長
が遅い分、コケが付かないように水質管理には注意したい

エキノドルス・'トリカラー'

Echinodorus 'Tricolor'

オモダカ科 ／ 改良品種
光量：□　CO₂量：●　底床：▲ ▲

沈水葉は広披針形で、長さ10〜16cm、幅4〜6cm、葉柄
10〜16cm、高さ20〜25cmでそれ以上になる場合も。新し
い葉が黄色からピンク色、次第に緑色へ変わる。かすかに赤い
斑点が入る場合も。オリエンタルと同様、数少ないピンク系エ
キノとして貴重な存在。諸説あるが、アフリカヌス（今でいう
ウルグアイエンシス）を使った交配なのは間違いなさそうだ

ヘランチウム・ボリヴィアヌム・
'アングスティフォリウス'

Helanthium bolivianum 'Angustifolius'

オモダカ科 ／ 別名：エキノドルス・アングスチフォリ
ウス ／ 分布：ブラジル
光量：□　CO₂量：●　底床：▲ ▲

ボリヴィアヌムの3倍体。沈水葉の長さは最大で60cm。水
槽内でも深さ45cmで水面までは達する。幅は3〜4mmで、
この細くて長い葉が本種の特徴。ある種のヴァリスネリアを
彷彿とさせる。活用法も当然同様となり、後景向きである。
特に南米原産にこだわったレイアウトでは重宝する。底床材
にソイルを使うと栽培は容易。他の南米産水草も育て易くな
るのでおすすめ

ヘランチウム・ボリヴィアヌム・
'ラティフォリウス'

Helanthium bolivianum 'Latifolius'

オモダカ科 ／ 別名：エキノドルス・ラチフォリウス
分布：ブラジル
光量：□　CO₂量：●　底床：▲ ▲

沈水の葉は長さ10cm、幅5〜10mm、葉柄は1〜2cm。葉
は明るい緑色。入門種として流通量は多い。本種を含め、い
くつかあったチェーンアマゾン系の種類はヘランチウム・ボ
リヴィアヌムにまとめられ、学名は変更に。園芸的な形態の
違いから、現在でも便宜上分けて扱われているものもあるが、
ファーム毎に見解の相違などがあり混乱しているのが現実

ヘランチウム・ボリヴィアヌム・'クアドリコスタータス'

Helanthium bolivianum 'Quadricostatus'

オモダカ科 ／ 別名：エキノドルス・クアドリコスタータス ／ 分布：中南米
光量：□　CO₂量：●　底床：▲ ▲

ボリヴィアヌムグループのなかのひとつで、本種は3倍体。水槽内では高さ10～15cm、20cmを超えることも。同グループのなかでも特に育成が容易。明るい緑色で柔らかい沈水葉は水中でよく映える。色が薄くなりやすいので定期的に施肥を行なう。数株を群生させると、小型水槽のセンターとしても見応えが出る。株間を詰めて植えた方が大きくなりにくい

ヘランチウム・ボリヴィアヌム・'ヴェスヴィウス'

Helanthium bolivianum 'Vesuvius'

オモダカ科 ／ 別名：エキノドルス・ヴェスヴィウス改良品種
光量：□　CO₂量：●　底床：▲ ▲

シンガポールのオリエンタル・アクアリウムで作出された、ヘランチウム・ボリヴィアヌム・アングスティフォリウスの改良品種。スクリューヴァリスネリアを彷彿とさせる強いねじれが特徴。先端に向かって次第に狭く鋭くなっていく葉が、スクリューバリスよりもシャープな印象を受ける。意外と不自然さがなく、レイアウトでも浮いた存在にはならないので使い易い

サジタリア・プラティフィラ

Sagittaria platyphylla

オモダカ科 ／ 別名：ヒロハオモダカ
分布：北米
光量：□　CO₂量：●　底床：▲ ▲

気中葉は披針形から長卵形で、長さ10～20cm、幅3～10cmで、ナガバオモダカよりも幅が広い。また、本種が塊茎を作る点でも区別することは可能。斑入り品種も塊茎を作るため本種と分かる。沈水葉は線形で、長さ5～28cm、幅0.5～2.7cm。丈夫で育て易く、冬の寒さや乾燥にも強いため屋外の栽培にも向くが、逸出には注意したい

サジタリア・スブラタ

Sagittaria subulata

オモダカ科 ／ 分布：北米
光量：□　CO₂量：●　底床：▲ ▲

沈水葉は線形で、長さは最大で60cmほどに。水槽内では10～40cm。自然下では汽水域にも自生し海岸近くの河川岸などで群生する姿が見られる。そのためなのか、アルカリ性の水質にもよく適応し、大磯系の水槽でも問題なく育てられる。また、富栄養の環境でも生長が鈍くなることがない強健種である。屋外で栽培した際などまれに浮葉を形成することもある

ピグミーチェーンサジタリア

Sagittaria subulata 'Pusilla'

オモダカ科 ／ 別名：ピグミーサジタリア
分布：不明
光量：□　CO2量：●　底床：▲ ▲

スブラタの小型のバラエティで、前景用として古くから親しまれている種類。葉長は育成条件によって大きく変わり、通常 5 〜 10cm、30cm を越えるという情報もある。最近はシャープなもの、より小さなものに押され、見る機会が減っている。強健さはスブラタに準じ魅力的だ。他の前景草と混ぜて植えたり、前景と中景の境目に配置したりと、緑の絨毯以外も模索してみたい

サジタリア・ウェアテルビアーナ

Sagittaria weatherbiana

オモダカ科 ／ 別名：ジャイアントサジタリア、ナガバオモダカ ／ 分布：北米
光量：□　CO2量：●　底床：▲ ▲

気中葉はへら形で、長さ 15 〜 20cm、幅 2 〜 3cm。沈水葉は線形で、長さ 20cm、幅 2 〜 3cm。塊茎は作らず、沈水葉で越冬。総状花序であること、沈水葉の幅が 1cm 以上あることも押さえておきたい。丈夫なアクアリウムプランツとして親しまれているが、現在ではメダカ用としての人気が高く、水鉢で栽培されることも多い。屋外への逸出には注意したい

ブリクサ・アルテルニフォリア

Blyxa japonica var. alternifolia

トチカガミ科 ／ 分布：東南アジア
光量：□□　CO2量：● ●　底床：▲

分布が広く形態の変異に富む種類。主に流通するのは茎が伸長するいかにも有茎種というタイプで、葉の長さ 2.5 〜 5cm、幅 2mm、多数分枝する。葉色は緑から濃く赤味を帯びることも。関係の深いヤポニカとは種子の表面に突起が付く点で区別することができる。弱酸性の水を好み、育成にはソイルの使用、CO2 の添加が有効。群生させたときの美しさは格別

ラガロシフォン・マダガスカリエンシス

Lagarosiphon madagascariensis

トチカガミ科 ／ 分布：マダガスカル
光量：□　CO2量：●　底床：▲ ▲

葉は線形で、長さ 1 〜 1.5cm、幅 0.5 〜 1mm、透明感のある明るい緑色。pH が低い環境を好まないため、ソイルの使用が一般化する頃に見る機会が減ったものの、最近は繊細な葉が作る繁みが美しいことから再評価されている。CO2 の添加は効果的で、リシアとの組み合わせも美しい。同じような水質を好む台湾産の小型シュリンプとの組み合わせもおすすめ

ナヤス・グアダルペンシス

Najas guadalupensis

トチカガミ科 ／ 分布：アメリカ、中米、南米
光量：□ CO₂量：● 底床：▲ ▲

線状披針形の葉は、長さ 1.5 〜 3cm、幅 1 〜 2mm、葉縁に
目立たない細かい鋸歯が付き、全体の長さ 100cm ほどに。葉
色はオリーブグリーンで、全体が柔らかい。盛んに分枝し、茎
はよく折れる。育成は容易で CO₂ の添加なしでもよく育つた
め、エビのブリーディング水槽でも使い易い。20℃以上あれ
ばメダカ水槽でも利用可。強い流れがある場所は苦手である

ナヤス・インディカ

Najas indica

トチカガミ科 ／ 分布：熱帯アジアに広く分布
光量：□ CO₂量：● 底床：▲ ▲ ▲

葉は線形で、長さ 2 〜 3cm、幅 1mm、葉縁に細かい鋸歯があ
り、著しく反り返る。茎は 50cm ほどまで伸びるが、折れやす
いため水槽ではそこまでの長さにはならない。反面、よく分枝し、
流れの弱い水槽内ではこんもりとした茂みになる。環境が合っ
ていると、小さな切れ藻でも貧弱な根を伸ばし、流れ着いた場
所でいつの間にか繁茂するほど。中景におもしろく使える

イバラモ

Najas marina

トチカガミ科
分布：世界に広く分布
光量：□□ CO₂量：● ● 底床：▲

葉は線形で長さ 2 〜 6cm、幅 0.1 〜 0.2cm、葉縁にとげ状
の目立つ鋸歯があるのが特徴。ただし、鋸歯の大きさや数に
は産地による変異も大きい。全体の長さは 100cm ほどに。
日本では一年生。世界でも広く一年生だが、熱帯地域では多
年生の可能性も示唆されている。とげのある珍奇な姿の水草
として観賞価値は高いが、長期維持はやや難しい

ミズオオバコ

Ottelia alismoides

トチカガミ科 ／ 別名：オテリア・アリスモイデス
分布：日本、アジア熱帯域〜温帯域、オーストラリア
光量：□□ CO₂量：● ● 底床：▲

水深によってサイズ、葉形は大きく変化し、大きいと 75cm ほ
どに。葉は狭披針形から円心形、葉の長さ 3 〜 35cm、幅 1 〜
18cm、葉縁に鋸歯があり、まれに葉柄にも鋸歯がある。大型
のものでは葉柄も 50cm ほどに。最大 60cm になる花柄の先
に白からピンクの可憐な花を咲かせる。いかにも水草らしい透
明感のある姿はレイアウトの主役として活躍できるほど美しい

オテリア・メセンテリウム

Ottelia mesenterium

トチカガミ科
分布：インドネシア・スラウェシ島
光量：□□
CO₂量：●●
底床：▲

ヴァリスネリア・カウレスケンス

Vallisneria caulescens

トチカガミ科　／　分布：オーストラリア
光量：□　CO₂量：●　底床：▲ ▲

葉色は深緑、全体の高さが 15 〜 25cm になり、葉の長さ 20cm、幅 0.7 〜 1.5cm、葉身がクリナムやクリプトコリネの一種を連想させるほど強く波打つ葉を持つ。とても変わった姿のオテリアで、レースプラントと並ぶ珍奇水草のひとつ。育成は容易ではないがチャレンジのし甲斐はある。中性からアルカリ性をキープし、大磯系の清潔な底床材に植え付けるようにしたい

一風変わった後景草。葉は広い線形で、長さ 10 〜 30cm、幅 0.5 〜 1.5cm、鈍頭で、葉の上部に鋸歯が付き、明るい緑から赤く色付くこともある。雌雄異株。ロゼットではなく有茎型になり、葉腋部からランナーを出す。輸送に弱い面があり、導入時に葉が落ちるものの、馴化した新株は育て易くなる。軟水を好み、ソイルが向く。CO₂ の添加も行ないたい

ヴァリスネリア・'ミニツイスター'

Vallisneria 'Mini Twister'

トチカガミ科　／　改良品種
光量：□　CO₂量：●　底床：▲ ▲

ヴァリスネリア・トリプテラ

Vallisneria triptera

トチカガミ科　／　分布：オーストラリア
光量：□□　CO₂量：●●　底床：▲ ▲

スクリュー系のヴァリスネリアのなかでは小型種で、葉長は 10 〜 15cm。葉縁の鋸歯は葉の全体にいたる。ネジレモの栽培品の中から、大きくならないものを選別して増殖させたものとして、ヨーロッパのファームからリリース。そのルートは途絶えたが、現在インドのファームから入荷している。バリスは後景という決まり事にとらわれることなく、幅広く活用できる

カウレスケンス種よりさらに有茎色が強く、ヴァリスネリアといわれてもすぐにはピンとこないほどだ。どちらかというと、同じトチカガミ科でヴァリスネリアと近縁のネカマンドラや、ブリクサのヴィエティ種とよく似ている。写真は西オーストラリア州のキンバリーで撮影。海外のファームで取り扱いはあるが、レイアウトにはまだ活用されていない

ポタモゲトン・ガイー

Potamogeton gayi

ヒルムシロ科 ／ 分布：南米
光量：□　CO₂量：●　底床：▲ ▲

葉は互生して付き、線形で長さ 4 ～ 12cm、幅 0.2 ～ 0.5cm。日本で普通に見られるヤナギモに似た南米原産の種類。たなびくように伸びる姿やオリーブグリーンの葉色は玄人好み。ソイルでも構わないが、あまり pH が下がらないように注意する。水温が高いのも好まないので夏場は注意し、まめに換水をして対応する。まとまっていたほうが見映えはよい

センニンモ

Potamogeton maackianus

ヒルムシロ科 ／ 分布：日本、アジア東部
光量：□　CO₂量：●　底床：▲ ▲

葉身は線形で、長さ 2 ～ 6cm、幅 1.5 ～ 4mm。先端は凸状で、葉縁に鋸歯がある。葉色は緑から濃いオリーブグリーン、茶褐色になることも。水槽内ではやや濃いめの渋い緑色が多い。日本の沈水植物のなかでは最も深い場所にも生育し、浅瀬ではこんもりした繁みを見ることも少なくない。シダ、モスの間で中～後景を飾るのには持ってこいのアイテムである

ウォーターオーキッド

Spiranthes odorata

ラン科 ／ 別名：アメリカモジズリ、アメリカネジバナ
分布：アメリカ
光量：□□　CO₂量：● ●　底床：▲

狭楕円形から狭倒披針形の葉は、長さ 10 ～ 30cm、幅 1.5 ～ 3cm 全体の高さは 10 ～ 20cm。水槽内では生長が遅く小型化する。花柄を 50 ～ 80cm 伸ばし、ネジバナに似た白い花を秋に咲かせる。以前はドイツから入荷していたが、現在では洋物の山野草として国産品が出回り入手は容易。アクアリウムの他、テラリウムや水鉢できれいな花を楽しむのもよい

ムルダニア・ケイサク

Murdannia keisak

ツユクサ科 ／ 分布：日本、中国
光量：□　CO₂量：●　底床：▲

沈水葉は狭披針形で長さ 9cm、幅 1cm、互生し、葉鞘がある。斜上また直立して生長。葉色は緑白色、強光下ではやや赤みを帯びる。日本では馴染み深い水田雑草。稲に混ざって欧米に帰化、そこから水槽に使える水草としてマニアが注目。組織培養で増殖までされ普及、逆輸入という変わった現象が起きている。ソイル、CO₂ の添加があれば育成は容易

パンタナルクリスパ・'グリーン'

Murdannia sp. 'Pantanal Green'

ツユクサ科 ／ 分布：ブラジル・パンタナル
光量：□　CO₂量：●　底床：▲

パンタナルクリスパのグリーンタイプ。透明感のある明るい緑色が魅力。環境が合わないと色がくすみ茶色になり枯れる。ソイルを使い、強光、CO₂の添加は必須。pHはしっかりと低く抑えたい。環境さえ整えれば育成は容易。南米ブラジルのパンタナル湿原産だが、不思議と和の雰囲気に合う。ボルビティスなどの透明感のある深緑とも相性がよい

パンタナルクリスパ・'レッド'

Murdannia sp. 'Pantanal Red'

ツユクサ科 ／ 分布：ブラジル・パンタナル
光量：□　CO₂量：●　底床：▲

気中葉はイボクサによく似るが、水中では葉縁から葉身まで縮れたように強く波打ち、透明感のある沈水葉はピンクから赤茶色に。pHを低く抑え、強光、CO₂の添加を行なえばワインレッドになることも。幅は変わらないが、葉長はやや長くなり、少ない本数でも存在感を発揮する。斜上して伸びるため、中景や後景の茂みから飛び出るように使うとおもしろい

ギニアン・クリスパ

Commelinaceae sp. 'Guinea'

ツユクサ科 ／ 分布：ギニア
光量：□　CO₂量：●　底床：▲

アフリカのギニア便で入荷したツユクサ科の水草。イボクサに似るが花を見ると別の属であるようだ。沈水葉のサイズはイボクサと同じくらい。違いは葉縁が波打つところ。イボクサとパンタナルクリスパの中間のような姿をしている。光が強い場合、茎上部の葉が赤く色付く。アジアンテイストは感じられないので、多彩な組み合わせを楽しむことが可能である

ヘテランテラ・ゾステリフォリア

Heteranthera zosterifolia

ミズアオイ科 ／ 分布：南米
光量：□□　CO₂量：●●　底床：▲

沈水葉は線形で、長さ5cm、幅3〜7mm、互生しながららせん状に付いていく。明るい緑色でやわらかく薄い。エイクホルニア・ディヴェルシフォリアに似るが育成ははるかに容易。ソイルで明るいライトを用意すれば、CO₂の添加は要らず、株下で分枝した芽が這うように伸びていくので前景にも使える。混み合い過ぎると調子を崩すので、適時刈り込み光を当てるとよい

ヘテランテラ・ガルドネリー

Heteranthera gardneri

ミズアオイ科
別名：ヒドロトリックス・ガードネリィ
分布：ブラジル
光量：□□　CO₂量：●●　底床：▲

長さ2〜4cmの糸状の沈水葉を7〜30輪生させて付ける。この輪生するところがよく似たケヤリソウとの違い。セタケウムはらせん状に付く螺生。葉色は明るい緑。CO₂と栄養素が十分に供給された、強い光の下では、濃い緑になり大変美しい姿に。弱酸性から中性の間でよく育ち、ソイルが適する。水槽内でも閉鎖花を付け、実生苗が発生することが多い。近年、同属に移されている

トニナ sp. 'マナウス'

Syngonanthus cf.
inundatus 'Manaus'

ホシクサ科 ／ 分布：ブラジル
光量：□□　CO₂量：●●
底床：▲

トニナ sp. ベレンに比べ葉幅が狭く、長さ2〜3.5cmに対し、幅1〜2mm。カールも緩いため、鋭い葉先が目立ちシャープな印象を受ける。両種は近年、別種ではないかとされている。育成の基本条件は同じであるが、本種の方が難しく、条件を外すと溶けるように枯れてしまう。環境の急変に注意し、特に低いpHはキープしたい。細い葉との相性がよく、スタイリッシュなレイアウトに向く

トニナ sp. 'ベレン'

Syngonanthus
macrocaulon 'Belem'

ホシクサ科 ／ 分布：南米
光量：□□　CO₂量：●●
底床：▲

トニナといえばこのベレン産がスタンダード。同種の中では入門種とされるほど育成も容易。葉はよくカールし、ふんわりとボリュームのある頂芽が美しい。葉は長さ2〜3cm、幅2〜3mm、明るい緑色。肥料不足で白く色が抜けやすい。施肥、とくに鉄分が重要に。pHを5.5〜6.5と低く抑え、換水時はpH降下剤を使用、ソイルを敷き、強光、CO₂添加でよく育つ。低めの中景向き

ブラジリアンスターレンジ
（ベレン産）

Tonina fluviatilis 'Belem'

ホシクサ科
分布：中〜南米の熱帯域
光量：□□　CO₂量：●●
底床：▲

近年、本種がトニナ属、トニナ sp. がシンゴナントゥス属と判明しているが、昔の呼称で呼ばれていることが多い。葉は長さ1〜2.5cm、幅3〜6mm。基本的な育成条件はトニナ sp. ベレンに準じる。分枝がよく増殖しやすいので、濃い繁みになった時、下部に光が届かず、葉の枯れから全体的に腐ることがあるので注意。存在感を活かし、数量多く目立たせたほうがよい

エリオカウロン・ブレヴィスカプム

Eriocaulon breviscapum

ホシクサ科
分布：インド
光量：□□　CO₂量：●●　底床：▲

沈水葉はきり形で、長さ 20 〜 25cm、先端に向かって細くなり、根元の広い所で幅 3mm ほど。流れの緩やかな川の岸辺や水中で生活しており、水槽栽培に適した種類。条件もそれほど厳しくないが、きれいに育てるには、よい環境は整えたい。水換えを好み、夏の高温には注意。小型水槽の後景から、中〜大型水槽の中景では他にはないサイズ感がポイントに

エリオカウロン・セタケウム

Eriocaulon setaceum

ホシクサ科 ／ 別名：ケヤリソウ
分布：アジア、オーストラリア、南米、アフリカ
光量：□□　CO₂量：●●　底床：▲

有茎タイプのホシクサで、葉の長さは 4.5 〜 5cm、幅 0.5mm、淡い緑色。茎は白くフカフカと柔らかい。世界に広く分布し、地域によって大きさなどに差が見られる。酸性を好み、pH6 前後が育て易い。栄養分は総合的に高めがよく、水換えをしながら定期的にしっかりと施す。強光、CO₂ の添加も必須。茎上部で分枝。花芽が出る前のタイミングで差し戻すように

ジュンクス・レペンス

Juncus repens

イグサ科 ／ 分布：アメリカ、キューバ
光量：□　CO₂量：●　底床：▲ ▲

大所帯のイグサ科のなかでも珍しい水槽向きの種類。ロゼットと有茎の中間のような、と表現されるのは、頭花から無性芽を伸ばす習性から来ている。これは水田でよく目にする同属のコウガイゼキショウなどでも見られ、それがアクアリウム向きなのだからおもしろい。光が強いと濃いオレンジ色に。丈夫だがコケが付かないよう注意。中景のアクセントに最適

ラージナヤス

Cyperaceae sp.

カヤツリグサ科 ／ 分布：ブラジル
光量：□□　CO₂量：●●　底床：▲

硬い茎に長さ 4 〜 5cm、幅 2 〜 3.5mm のしなやかな葉を付ける。葉は緑白色。肥料不足で白化しやすく、施肥は欠かせない。とくに鉄分は重要。pH を 5.5 〜 6.5 と低く抑え、換水時は pH 降下剤を使用、ソイルを敷き、強光、CO₂ 添加でよく育つ。長らく不明種とされていたが、名古屋の有名な愛好家によってカヤツリグサ科までは落とし込められた。中〜後景に向いている

ラヌンクルス・イヌンダータス

Ranunculus inundatus

キンポウゲ科 ／ 分布：オーストラリア
光量：□□ CO₂量：●● 底床：▲▲

掌状複葉を形成し小葉は3または5個、小葉は数回深い切れ込みが入る。葉柄は2.5〜15cm。水槽では弱い光の場合立ち上がってきやすい。弱酸性から弱アルカリ性まで幅広く適応するが、強光と、それに見合ったCO₂の添加は忘れずに。馴染むまでは気をもむが、慣れてしまえば生長は比較的早い。風変わりな姿で、前景と中景のつなぎ役におもしろい

プロセルピナカ・パルストリス

Proserpinaca palustris

アリノトウグサ科 ／ 分布：北米、中米
光量：□□ CO₂量：●● 底床：▲▲

北米から南米にかけて分布する、ミリオと同じアリノトウグサ科の仲間。水槽に導入すると、初めは浅く裂開し、次第に深く櫛の歯状になる。流通しているのはトロピカ社からリリースされたキューバ産のもので、葉の中央部が広いのが特徴。強光と、それに見合ったCO₂の添加できれいな濃いオレンジの発色を見せる。生長は比較的遅く中景のポイントに使える

ミリオフィラム・マットグロッセンセ

Myriophyllum mattogrossense

アリノトウグサ科
分布：エクアドル、ブラジル、ペルー、ボリビア
光量：□ CO₂量：● 底床：▲▲

沈水葉は3〜4輪生で羽状に細裂、全長で2〜5cm、幅1〜3.5cm。各羽片が広く展開。隙間の多い葉の付き方が淡い雰囲気となり、複数の水草の間をつなぐ役割にぴったり。光が強いと低く斜上しながら生長するため、前景のすぐ後ろにも据えられる。中景で実に様々な使い方ができる。色も緑の濃淡、赤系を選ばず合わせやすい。和風に仕立てててもよい

ミリオフィラム・メジアヌム

Myriophyllum mezianum

アリノトウグサ科
分布：マダガスカル
光量：□ CO₂量：● 底床：▲▲

沈水葉は3〜4輪生し羽状に細裂、各羽片は非常に細い。全長は2cm。ミズスギナ系のロタラやマヤカのような繊細な姿をした小型種。薄い緑色で頂芽に赤が乗ることも。弱酸性の水質、強光、CO₂の添加、施肥があれば、育成は容易。他のミリオよりも低温への適性がなく、25℃の水温は欲しい。他にはない独特の雰囲気で、小型水槽の後景にもよい

ガイアナ・ドワーフミリオフィラム

Myriophyllum sp. 'Guyana'

アリノトウグサ科 ／ 分布：ガイアナ
光量：□□ CO₂量：●● 底床：▲▲

葉の長さ 1 〜 1.5cm と小型のミリオ。中景の定番で、群生さ
せたときに、丸くなる頂芽が揃うときれい。輝くような明るい
緑も目を引く。植え込み時に溶ける部分は取り除き、光がよく
当たるよう気を付けると、次第に環境に慣れ、見栄えのよい繁
みを作れる。大量の水換えなど急激な変化には注意。ミリオの
なかでは生長が遅い方。小型水槽の後景にも向いている

グリーンアマニア

Ammannia capitellata

ミソハギ科 ／ 別名：エナガアマニア、ネサエア・トリ
フローラ、アマニア・マウリチアナ
分布：マダガスカル、モーリシャス、レユニオン
光量：□ CO₂量：● 底床：▲▲

気中葉、沈水葉ともにきれいな緑色が特徴。光が弱いと葉が黒
ずみ弱る。環境に馴染むまで安定しないが、落ち着けば育て易い。
マダガスカル島南部の、ある川ではミリオフィラム・メジアヌ
ムと混在しているという。その他、ヒドロトリケ・ホトニフロー
ラやリラエオプシス・マウリチアナなどを加え、産地がマダガ
スカルと近隣の島だけのレイアウトを作ってもおもしろい

イエローアマニア

Ammannia pedicellata

ミソハギ科 ／ 別名：アマニア・ペディケラータ
分布：タンザニア・モザンビーク
光量：□□ CO₂量：●● 底床：▲

沈水葉は長さ 9cm、幅 1.5cm と大型に育つ種類で、グラキリ
ス（P111）ほどではないが育てやすい種類。基本的な育成方法
はグラキリスに準じるが、本種の方が栄養の要求量は多いので、
微量栄養素だけでなく総合的な肥料を施すとよい。茎の赤と黄
色味を帯びた葉色の対比が美しく、他の緑や赤の水草にも見
劣りはしない。同属のなかでは最もレイアウト向きである

ゴールデンアマニア

Ammannia pedicellata 'Golden'

ミソハギ科 ／ 別名：ゴールデンネサエア
改良品種
光量：□□ CO₂量：●● 底床：▲

フロリダにあるファームで作出されたイエローアマニアの黄
金葉品種。気中葉の明るい黄色は目を見張るものがある。茎
の赤とのコントラストも美しい。沈水葉はマスタードイエロ
ーからオレンジに。強い光の方が濃い発色を見せる。育成は
ノーマル種に準じるが、馴染むまでは気を付ける。CO₂の添
加は必須。水質の変化を極力避け、底床はソイルが無難

アマニア・プラエテルミッサ

Ammannia praetermissa

ミソハギ科 ／ 別名：ネサエア sp. 'レッド'
分布：西アフリカ
光量：☐☐　CO₂量：●●　底床：▲

代表的な育成難種だが、水槽で育てることのできない水草ではない。育成のポイントはpHを6台前半でキープ、ソイル系底床材は必須で、水換えを週に数回しながら、施肥もしっかりと欠かさないこと。そして最も重要なのは強い光を当てること。もちろんCO₂は光量に合わせて多め。名なしの草だったが2012年に *Nesaea praetermissa* として記載、その後の変更で現在に至る

アラグアイアレッドクロス

Cuphea sp. 'Red Cross Araguaia'

ミソハギ科 ／ 分布：ブラジル
光量：☐☐　CO₂量：●●　底床：▲

ディティプリスのようにきれいな十字対生となり、線形で濃い朱色の沈水葉を展開する。茎の下部で分枝する点や、下葉の落ちやすさ、好む育成環境など、クフェア・アナガロイデアとの共通点は多い。アナガロイデア種が白、本種がピンクとの違いはあるが、よく似た花も咲かせる。生長スピードが早くないので中景に重宝。施肥で赤くすると優れたアクセントになる

クフェア・アナガロイデア

Cuphea anagalloidea

ミソハギ科 ／ 別名：アラグアイアレッドロタラ
分布：ブラジル
光量：☐☐　CO₂量：●●　底床：▲

以前はロタラの一種とされていたが、同じミソハギ科のクフェアと判明。280種ほど知られるクフェア属のなかで数少ない水生種である。沈水葉は楕円形で、先端はロタラ同様凹む。長さは1cm、幅5mmほど。葉色は産地によって多少の変異が見られ、写真のアラグアイア産は赤、別産地ではオレンジ色のものも知られている。低pH、強光、CO₂添加が必須である

ディティプリス・ディアンドラ

Didiplis diandra

ミソハギ科 ／ 分布：アメリカ東部
光量：☐　CO₂量：●　底床：▲▲

十字対生する柔らかい葉が特徴。沈水葉は線形で、長さ2.2〜2.6cm、幅1.5〜3mm。強い光を好み、弱すぎると葉や茎が黒く腐り枯死する。葉色は強めの光では赤味を帯び、弱めでは緑色になる。よく分枝し中景から後景できれいな茂みを作り易い。生長には豊富な栄養分を要求し、底床肥料の他、液体の微量栄養素、特に鉄分を施したい。26℃以上は要注意

ロタラ・マクランドラ・'ミニバタフライ'

Rotala macrandra 'Mini Butterfly'

ミソハギ科 ／ 分布：インド
光量：☐☐　CO₂量：●●　底床：▲

インドのファームから入荷したマクランドラの小型のバリエーション。ナローリーフタイプのさらに半分以下のサイズで、細葉で深紅。葉縁が強く波打つのも目を引く。ロトンジと違い上へと伸びていくので、中景から後景向き。まとまるとかなり目立つので調和がとれるように組み合わせには注意したい。育成はノーマルに準じるが、育てやすく発色もしやすい

ロタラ・'パール'

Rotala macrandra 'Pearl'

ミソハギ科 ／ 分布：インド
光量：☐☐　CO₂量：●●　底床：▲

マクランドラグリーンの矮小種は何タイプも流通しているが、そのなかでも最も古くから知られ、最も小型なのが本種である。インド南西部のゴア近郊で本種と思われる水草が観察されている。小型なうえ、生長が遅いので、他の草の影にならぬよう、光を十分に得られているかは注意しておきたい。小型の水草だけを集めたレイアウトでは重要な役割を果たす

ミズマツバ

Rotala mexicana

ミソハギ科
分布：日本、中南米、アフリカ、アジア、オーストラリア
光量：☐☐　CO₂量：●●　底床：▲

ロタラ属で一番の広域分布種。日本ではやや稀な水田雑草として存在。産地によって沈水葉の色に差が見られ、関東のある所では緑、中国地方のある所では赤くなるなど様々。育成にはソイル、CO₂の添加が必須で、特に弱光は苦手。他の水草の影になると急激に弱体化する。繊細な雰囲気を活かしつつ、小型水槽で気を配っていたほうがキープしやすい

アラグアイアミズマツバ

Rotala mexicana 'Araguaia'

ミソハギ科
分布：ブラジル
光量：☐☐　CO₂量：●●　底床：▲

2000年に紹介されたブラジルのアラグアイア産のメキシカーナ種。日本のミズマツバよりがっちりとした感じで、茎が太く葉幅も広い。茎のやや赤味がかる色と葉の明るい緑の組み合わせが印象的。ソイル系の底床材を使い、水質調整剤などで弱酸性に調節した水で栽培すると育てやすい。色形にクセがなく、中景で多彩な組み合わせを楽しむことが可能

63

ロタラ・ロトゥンディフォリア ▽
Rotala rotundifolia

ミソハギ科 ／ 分布：東南アジア、南アジア
光量：□　CO₂量：●　底床：▲▲

現代レイアウトには欠かせない素材になっているロタラの、最も基本となる種類。大磯、CO₂の添加なしでも十分に育つ強健種で、赤系水草の入門種のひとつとしても数えられる。沈水葉は狭披針形で、長さ2.2〜2.5cm、幅3〜4mm。条件の向上が目に見えやすく、ライトを強くすれば、葉色が濃くなるなど結果がわかりやすい。育成の勉強になる点でも初心者におすすめ

ロタラ・ロトゥンディフォリア・'セイロン'
Rotala rotundifolia 'Ceylon'

ミソハギ科 ／ 別名：セイロンロタラ ／ 分布：スリランカ
光量：□　CO₂量：●　底床：▲▲

ミズハコベを連想させるような、薄い質感を持つ一風変わったロトンジのバリエーション。やや黄色味を帯びる明るいオリーブグリーンと、葉色も決して派手ではないが、他にはない独特な印象を受ける。目立つ特徴がないのにひと目でセイロンと分かる存在感がある。緑でも赤でも深く濃い色との相性がよく、うまく引き立ててくれる。流木との相性もよい

ロタラ・ロトゥンディフォリア・'インディカ カリカット'
Rotala rotundifolia 'indica Calicut'

ミソハギ科 ／ 分布：インド
光量：□　CO₂量：●　底床：▲▲

尖った葉先が特徴的。茎に近い所で葉幅は最も広くなり、そこから先端にかけて鋭く狭まっていく。そのため、葉幅の狭いナンセアンやワイナードよりもシャープな印象を受ける。赤味を帯びず、明るいグリーンに葉裏の緑白色も鮮やか。這性はあり、やや湾曲しながら伸びていく。葉幅の狭い草や、小型のものとも合わせやすい。小型から大型水槽まで幅広く使える

ロタラ・ロトゥンディフォリア・'インディカ ハイレッド'
Rotala rotundifolia 'Indica-Hi Red'

ミソハギ科 ／ 分布：インド
光量：□　CO₂量：●　底床：▲▲

矩形でカーキ色という独特の葉が特徴。葉身の幅が先端へ向かっても狭くならず、葉先も平らに近い鈍頭なので長方形に見える珍しい形。よくある赤寄りの茶系ではなく、緑寄りの茶系で、カーキ色というのもオリジナリティあふれる。気中葉からの動き出しが鈍く、沈水葉展開後も生長は遅い。這性も示すことから、中景にはもってこいのロトンジといえる

ロタラ・ロトゥンディフォリア・'福建省'
Rotala rotundifolia 'Fujian'

ミソハギ科 ／ 分布：中国
光量：□ CO₂量：● 底床：▲▲

中国南東部福建省の湧水の流れ込む比較的水温の低い水田にあったというロトンジのバリエーション。水槽ではノーマル種同様の水温で問題なく育つ。基本的な育成方法は一緒。強光下ではミズユキノシタのような渋いえんじ色になり、単なる赤系ロトンジとは一線を画す。ぐっと落ち着いた雰囲気は独特。深い緑色の水草、とくにアヌビアスとの相性がよい

グリーンロタラ
Rotala rotundifolia 'Green'

ミソハギ科 ／ 分布：東アジア
光量：□ CO₂量：● 底床：▲▲

現代レイアウトの最も重要なピースとなったロタラの、礎のひとつが本種である。この存在がなかったら、今のレイアウトはもっと違う流れになっていたのではないだろうか。葉は細く明るい緑色。細かい枝分かれを繰り返しながら、上から下へと軽やかに滑り落ちるように生長する。その先端が前にある水草と重なり交じる。そのナチュラルさが人々を惹き付ける

ロタラ・ロトゥンディフォリア・'ピンク'（インドファーム）
Rotala rotundifolia 'Pink'

ミソハギ科 ／ 分布：インド
光量：□ CO₂量：● 底床：▲▲

細葉のグリーン系ロトンジ。グリーンマクランドラの様に、表は黄緑、裏が淡いピンクになる。高光量、施肥により赤味を帯び、全体として明るいオリーブグリーンになることもある。強い這性を示し、横へ横へと広がりたがるため、中景にはもってこいの種類だ。水の流れで動いた際や、夜になって葉を上へ閉じる就眠運動によって、ちらりと見える葉裏のピンクが美しい

ロタラ・ロトゥンディフォリア・'ワイナード'
Rotala rotundifolia 'Wayanad'

ミソハギ科 ／ 分布：インド
光量：□ CO₂量：● 底床：▲▲

インド半島南西部のケーララ州、ワイナード県が産地のロトンジのバリエーション。細葉が多いインド産のロトンジのなかでも、さらに細いのが本種の特徴。ややイエローがかったライトグリーンに葉裏の淡いピンクと、いかにも優しい色合い。トリミングに強く、這う性質も強いため、後方から前面へ向け傾斜を付けるスタイルに最適。細かい前景草との相性もよい

ロタラ・ロトゥンディフォリア・'アッサム'

Rotala rotundifolia 'Assam'

ミソハギ科 ／ 分布：インド
光量：□ CO₂量：● 底床：▲▲

様々なバリエーションをリリースしてくるインドのファーム
から入荷するロトゥンディフォリアの一種。ミャンマー産に
見られたような幅広で大型に育つタイプ。かなり強健で、新
しい環境に入ってもいじけることはあまりなく、生長のスタ
ートダッシュが早い。ハラのような純粋な赤系ではないが、
赤味は乗りやすい。中景もよいが、後景のほうが真価を発揮
しやすい

ロタラ sp. 'ナンセアン'

Rotala sp. 'Nanjenshan'

ミソハギ科 ／ 分布：台湾
光量：□ CO₂量：● 底床：▲▲

グリーン系の細葉ロタラの定番種。台湾南部、南仁山
（Nanjenshan）の南仁湖産。ロタラの産地バリエーションの
パイオニア的存在でもある。葉の表のグリーンと裏のピンク
のコントラストが美しく、緑系、赤系、どちらの水草と組み
合わせても、違和感なく馴染むことができる。葉幅もロトン
ジ系とワリキィ系の中間ということで、幅広い組み合わせに
対応が可能

アルアナの夕焼け

Rotala ramosior 'Aruana'

ミソハギ科
分布：ブラジル（本来は北米）
光量：□□ CO₂量：●● 底床：▲

本来は北米原産だが本種は南米から入荷。状態よく育った沈
水葉は茜色に染まり大変美しい。中性の水質を好み、他の南
米産の水草を育てるように酸性の水を使うとうまく育たない。
ソイル系の底床材を使いつつ中性というのがベスト。生長が
早くないので高さのコントロールがしやすく、小型水槽の中景
などでも使いやすい。屋外への逸出にはくれぐれも注意したい

ロタラ・ウェルウィッチー

Rotala welwitschii

ミソハギ科 ／ 別名：ギニアンロタラ
分布：アフリカ熱帯地域
光量：□□ CO₂量：●● 底床：▲

ギニア産のロタラの一種。ロトゥンディフォリアに似た姿をして
いるが別種である。生長は比較的遅いほうだ。育成はやや難し
く、強光、それに見合ったCO₂の添加、底床材にはソイルを使
い、低いpH値をキープすることがポイントになる。かなり悪い
状態になっても、条件を見直せば、再び復活するしぶとさは持つ。
低い背丈でキープしやすいので、中景の前寄りに適している

ニードルリーフ・ルドウィギア

Ludwigia arcuata

アカバナ科 ／ 別名：ルドウィギア・アルクアータ
分布：アメリカ東部
光量：□□　CO₂量：●●　底床：▲▲

沈水葉は長さ4cm、幅3mm。名前の通り針のように細い葉を
持ち、その極細の葉が深紅に色付く。他にはない美しさのため
レイアウトでも人気が高い。同じように小さな葉で揃えられた緑
色の中景をピリッと締めるのには最高の素材だ。高光量がポイ
ント。それに見合ったCO₂の添加、pH値を低めにするか肥料
を施すと、さらに赤味が増し、分枝も盛んに行なうようになる

ルドウィギア・'アトランティス・ダークオレンジ'

Ludwigia 'Atlantis'

アカバナ科 ／ 別名：ルドウィギア sp. ダークオレンジ、
ルドウィギア sp. アトランティス ／ 改良品種
光量：□　CO₂量：●　底床：▲▲

改良エキノドルスの作出で有名な Tomas Kaliebe 氏によって
選別育成された斑入り品種。元はパルストリスとレペンスの
交雑種、いわゆるケンチアーナではないかといわれている。
以前入荷していたオランダのファームのものとは趣が異なる。
水上の黄斑は水中で目立たなくなるが、濃いオレンジ色が顕
著に。暖かみのある色合いは赤い水草との相性がよい

ルドウィギア・ブレヴィペス

Ludwigia brevipes

アカバナ科 ／ 分布：アメリカ南東部
光量：□□　CO₂量：●●　底床：▲▲

ニードルリーフによく似た種類。葉幅が4〜5mmと、幅広
な点が異なる。正確に見分けるには花の観察が最も確実。葉
色はオレンジから朱色と、赤味では落ちるものの、育成の面
では本種の方が容易。高光量ではCO₂なしでも育つほど。
下から溶けるようなことも少ないので、中景だけでなく後景
にも使い勝手がよい。細葉系ロトンジとの親和性が高いのも
魅力だ

ルドウィギア・オヴァリス

Ludwigia ovalis

アカバナ科 ／ 分布：日本、朝鮮半島、中国
光量：□　CO₂量：●　底床：▲

丸い葉を互生させ、光が強いと濃いえんじ色になるという他
にはない個性的な種類。赤系のなかでも落ち着きのある雰囲
気は独特。流木との相性がすこぶるよく、クリプトコリネな
どと合わせてじっくり楽しむのもおすすめ。また、シペルス・
ヘルフェリーのような明るい緑と合わせても違和感が出ない。
全体に強い光が十分に当たっていることが重要、CO₂の添加
も必須

ルドウィギア・スファエロカルパ

Ludwigia sphaerocarpa

アカバナ科
分布：アメリカ
光量：□□　CO_2量：●●　底床：▲

初めピローサとして紹介され、その後訂正された風変わりなルド。アメリカの大西洋沿岸部に沿ってテキサス州からマサチューセッツ州まで分布がある。流通しているものの元はテキサス州ヒューストンが産地のようだ。水上型からは想像できないほど、節間のつまった姿は特異といえるほど。育成には高光量が絶対条件。前景のポイントや中景との区切りに

サンフランシスコイレシーヌ

Aciotis acuminifolia

ノボタン科
分布：ブラジル
光量：□□　CO_2量：●●　底床：▲

ノボタン科としては唯一知られている水槽向きの種類。茎は硬く、とくに水上では木質化する。披針形の葉は長さ3～6cm、幅1.5～3cmで、明るい緑色。茎上部など光が強く当たる部分の葉はピンク色に色付き、平行脈の白い色がよいアクセントになる。pHを低めに抑え、強光、CO_2の添加は必須。生長が早くないので、中景で長く楽しみやすい。ダッチ系にも向く

ウォーターナスタチウム

Neobeckia aquatica

アブラナ科
分布：アメリカ
光量：□　CO_2量：●　底床：▲▲

北米大陸に自生する小型の湿性植物。ゆったりと流れる小川など、流水中では水中で生活する。沈水葉は鋸歯のある倒卵形から羽状複葉で小葉にも鋭い鋸歯が目立つ。他にはない特徴的な姿が魅力である。同じ北米原産のペントルムやプロセルピナカ、ジュンクス・レペンスと組み合わせると、レイアウトの雰囲気に一貫性が生まれる。CO_2の添加が有効

ペルシカリア・グラブラ

Persicaria glabra

タデ科
分布：日本、台湾、中国、インドシナ、タイ、インド
光量：□□　CO_2量：●●　底床：▲

沖縄にも分布があるイヌタデ属の一種。托葉鞘の縁に毛がないのが特徴。中国名は光蓼、台湾では紅辣蓼で、その特徴をうまく表しておりわかりやすい。花はピンクまたは白。写真のものは台湾便で旧名のポリゴヌム・グラブルムで入荷。水槽化はやや手こずったものの沈水葉を展開。その後はそれほど難しくなかった。育成はsp.ピンクに準じてよい

ペルシカリア・プラエテルミッサ・'ルビー'

Persicaria praetermissa 'Ruby'

タデ科
分布：日本、朝鮮、中国、ヒマラヤ
光量：☐☐　CO_2量：●●　底床：▲

茎は倒伏したのち上部で斜上。分岐しながら広がっていく。中景の前寄りで、他種と混ざるように植えてもおもしろい。他の水草と合わせることによって個性が際立つタイプだ。本種はドイツのファームから入荷したルビーという名の付く品種だが、日本の自生地で見られる沈水葉も赤味を帯びることは珍しくない。ただし、育成はファーム物の方がはるかに容易

ポリゴヌム sp. 'ブロードリーフ'

Persicaria sp. 'Broad Leaf'

タデ科　／　別名：ペルシカリア sp. 'ブロードリーフ'
分布：不明
光量：☐　CO_2量：●　底床：▲▲

インドのファームから入荷するタデの仲間。ポリゴヌム sp. 'ピンク' よりも葉幅が広く、葉長は短い。やや紫を含んだようなピンク色は落ち着いた美しさがある。育成は sp. 'ピンク' に準じるが、水槽環境に馴染むまではやや時間がかかる。いったん慣れると生長は遅くなく、気を付けていないと気中葉を形成してしまう。少ない本数でも目立つのでポイントに使い易い

ポリゴヌム sp. 'ピンク'

Polygonum sp. 'Kawagoeanum' (*Persicaria tenella*)

タデ科　／　別名：ペルシカリア sp. "ピンク"
分布：東アジアから南アジア
光量：☐　CO_2量：●　底床：▲▲▲

多くが水辺に生育し、沈水状態で見られることの少なくないタデの仲間のなかで、最も水槽栽培に適した種類のひとつ。茎は分岐を繰り返しながら斜上。葉は長さ6〜8cm、幅1cm前後、葉縁は緩く波打ち、特徴的なピンク色に色付く。強光、CO_2 の添加、鉄分などの施肥は発色に貢献する。フロスコパやムルダニアなどのツユクサ科との相性が抜群によい

ポリゴヌム sp. 'サンパウロレッド'

Persicaria sp. 'Sao Paulo'

タデ科　／　別名：ペルシカリア sp. 'サンパウロレッド'
分布：ブラジル
光量：☐☐　CO_2量：●●　底床：▲

ショッキングピンクの沈水葉が特徴の人気種。狭披針形で長さ5〜6cm、幅1〜1.5cm。sp. 'ピンク' のように葉縁は波打たない。濃い葉色を出すためには、強光、それに見合った CO_2 の添加、pH値を低めにするか肥料を施すとよい。中景から後景のアクセントが定石。よい赤系種が増えてきたので複数を混ぜて使ってもおもしろい。主張が強いので紛れて負けることはない

アルテルナンテラ・レインキー・'アレックス'

Alternanthera reineckii 'Alex'

ヒユ科 ／ 別名：斑入りレインキー
改良品種
光量：□ CO₂量：● 底床：▲▲

いわゆるレインキーの斑入り種。葉脈を走る白からピンクの斑と、赤い葉色の対比が美しい。葉裏の方が派手なレインキーの仲間のなかにあって、表の観賞価値も高い珍しい存在。低い位置に配し、頭から見ることができるので、中景のアクセントに使うのには最適である。育成の基本はノーマル種に準じ、よく光に当てることで斑入り葉が冴える

アルテルナンテラ・レインキー・'ミニ'

Alternanthera reineckii 'Mini'

ヒユ科 ／ 別名：アルテルナンテラ・'ロザエフォリア・ミニ' ／ 改良品種
光量：□ CO₂量：● 底床：▲▲

レインキーの矮性品種。節間が短く、生長が遅く横へ広がるように生長するため、茂みを作りやすい。そのサイズ感から、前景から中景にかけてのアクセントに最適な種類といえる。この位置でその役割を担える赤系は意外と少なく、貴重な存在だ。濃い繁みになった際、下葉が枯れ、そこから腐りが広がることがあるので早めにホース等で吸い出すとよい

アルテルナンテラ・'オキプス'

Alternanthera reineckii 'Ocipus'

ヒユ科 ／ 別名：グリーンレインキー ／ 分布：不明（南米）
光量：□ CO₂量：● 底床：▲▲

レインキーよりも小型で葉幅の広い披針形。水上では明るい緑色だが、沈水葉は落ち着いた雰囲気の紅色に変わる。本種を含め、アルテルナンテラ全般がトリミングに強く、切り戻しを繰り返しながら楽に中景で維持ができる。単体で目立つというよりは、他の水草と合わせることによって個性が際立ってくるタイプで、隣を引き立てながら渋い味を出す

ホトニア

Hottonia palustris

サクラソウ科 ／ 分布：ヨーロッパ、北アジア
光量：□□ CO₂量：●● 底床：▲▲

羽状全裂する葉を持つ風変わりなサクラソウ科の水草。葉は長さ3〜6cm、幅1〜3cmで、明るい緑色。低温を好み、輸送時の蒸れに弱いため、冬になると見る機会が増える。水槽に馴染んだものは、極端な高温でなければ適応力を見せる。それでも心配な場合は夏期だけでも水換えの頻度を増やし、CO₂の添加をしっかりと行なうとよい。前景から中景向き

イエローリシマキア

Lysimachia nummularia 'Aurea'

サクラソウ科 ／ 分布：中央ヨーロッパ
光量：□　CO₂量：●　底床：▲▲▲

適湿であれば花壇でも使える強健な植物。日陰のグランドカバー用として園芸店で見る機会も多い。流通するのは水草も含め、ほとんどが黄金葉タイプで、ノーマルの緑葉を見る機会は極端に少ない。茎は斜上し、葉は円形からやや楕円に近い形で、1〜2cm。水槽に慣れるまでは環境を整えた方がよいが、いったん馴染んだものは持ち前の強健さを見せてくれる

ウォーターローズ

Samolus valerandi

サクラソウ科 ／ 分布：世界に広く分布
光量：□　CO₂量：●　底床：▲▲▲

海岸近くの湿地などで見られる機会が多く、時に水中で群落を作ることも。根生葉には長い葉柄があり、先端に楕円形の葉を付ける。上から見た際にバラの花のように見えることが通称名の由来になっており、古くから輸入され流通している。育成には強光が重要なポイント。貝類の食害に弱いので注意したい。群生美が見事で、小型水槽のポイントにもよい

ペントルム・セドイデス

Penthorum sedoides

タコノアシ科
分布：アメリカ、カナダ
光量：□□　CO₂量：●●　底床：▲▲▲

日本や東アジアなどに分布するタコノアシ（キネンセ種）と同属で、よく似た姿をしている。沈水葉は披針形でよく目立つ鋸歯が付く。明るい緑色。自生地でも沈水で生活することもあり、水中化の簡単ではないタコノアシより、ずっと水槽向き。強光、CO₂の添加を行なえば育成は容易。ゆっくり生長するので中景に重宝する。レッドルブラとの組み合わせはおすすめ

パンタナルピンクムグラ

Diodia cf. *kuntzei*

アカネ科 ／ 別名：パンタナルピンクハイグロ
分布：ブラジル
光量：□□　CO₂量：●●　底床：▲

葉は硬く長楕円形で緑色。水に沈めても大きく姿を変えることはないが、うまく育てると濃いピンク色になる。発色には強光とCO₂の添加がポイント。水質は弱酸性がよく、肥沃な土を好むので、底床材にはソイルを使用、施肥も効果的だ。生長が遅いので中景には持ってこい。生態系への被害を防止するためにも屋外への逸出にはくれぐれも注意したい

オルデンランディア・サルズマニィ

Oldenlandia salzmannii

アカネ科 ／ 別名：ヘディオティス・サルツマニィ、
ブラジリアンフラジャイルプラント ／ 分布：南米
光量：☐ CO₂量：● 底床：▲

いともたやすく節の部分で分離をしてしまう。別名はこの特徴
から来ている。分離した植物体が流れていき、別の場所で根付
いているのが、水槽内でも観察できる。分布域を広げる戦略と
しておもしろい習性だ。沈水葉は披針形で、長さ6〜10mm、
幅2〜5mm、明るい緑色。弱酸性を好み、CO₂の添加は有効。
よく分岐し生長も早いので、中景から後景に向いている

バコパ・アウストラリス

Bacopa australis

オオバコ科
分布：ブラジル、アルゼンチン
光量：☐ CO₂量：● 底床：▲▲

柔らかく明るい葉を持ち優しい雰囲気。南米原産ながら、自
生地の川が石灰質ということもあり、大磯系でも育成が可能。
南米産バコパのなかでは群を抜いて育てやすい。明るい環境
では這うようになり、中景から前景にかけての茂みにおすす
め。ニューラージパールとの組み合わせで明るいレイアウト
ができる。液肥の添加が有効。暗いと下葉を落としやすい

ウォーターバコパ 🔖

Bacopa caroliniana

オオバコ科 ／ 分布：北米、中米
光量：☐ CO₂量：● 底床：▲▲▲

卵形から広卵形の葉は、長さ2〜3cm、幅8〜20mm。葉色
は水上では鮮やかな緑色、水中では明るい緑から茶緑色まで、
光量やリン酸塩の量などで変化を見せる。古くから親しまれて
おり入門種にも数えられる丈夫な水草。CO₂の添加はなくて
も育成できるが、強い光に、それと見合った分の添加をすると、
良好な結果を示す。相手を選ばず組み合わせやすい

バコパ・マダガスカリエンシス

Bacopa madagascariensis

オオバコ科 ／ 分布：マダガスカル
光量：☐ CO₂量：● 底床：▲▲

モンニエリを大きくしたような姿で、葉縁に鋸歯が付くのが
特徴。水中では鋸歯が目立たなくなるが、葉幅が広くサイズ
が大きいので区別が可能。モンニエリのようなツヤ感もない。
やや幅の狭い卵形の葉は長さ1〜3cm、幅0.5〜1.3cm。
明るい緑から黄緑色で水中でも変化はない。強光、CO₂の添
加があれば育成は容易。生長が遅めなので中景に向いている

バコパ・モンニエリ

Bacopa monnieri

オオバコ科
分布：アフリカ、アジア、オーストラリア、アメリカ
光量：□　CO₂量：●　底床：▲▲

葉は幅の狭い矩形で先端は丸みを帯びる。以前は全縁のものが
多く流通していたが、現在見るもののほとんどが鋸歯の付くも
のに変わっている。長さは 10〜25mm、幅 3〜10mm、葉色
の緑は明るめから暗めまで幅がある。ウォーターバコパ同様古
くから親しまれている強健種。基本的な育成方法、きれいに育
てるポイントも一緒である。まれに古いタイプも流通する

バコパ・'コンパクタ'

Bacopa monnieri 'Compacta'

オオバコ科 ／ 別名：バコパ・モンニエリ・"コンパクト"
改良品種
光量：□□　CO₂量：●●　底床：▲▲

ノーマル種よりもコンパクトで、強い光の下では這いながら
生長するタイプ。切り戻しを繰り返しながら、背を低く保てる。
基本的に丈夫な草だが、よりきれいに育てるのには、高光量
と、それに見合った CO₂ の添加、ソイルの使用が有効になる。
小型の有茎草や前景草との相性も抜群。中景のつなぎ役に最
適である。ライトグリーンの葉色が明るいレイアウト向き

斑入りモンニエリ

Bacopa monnieri 'Variegata'

オオバコ科 ／ 改良品種
光量：□□　CO₂量：●●　底床：▲▲

以前流通していた大理石模様のものとは異なる斑入りモンニ
エリで、白い雪が降るように、細かい斑模様が葉全体に入る
散り斑タイプ。育成はやや難しく、環境はしっかりと整えたい。
光を強くしても斑は消えやすい。反面、水上では育成は容易
で、斑も消えない。屋外に向くが、生態系への被害を防止す
るためにも逸出にはくれぐれも注意したい

グラティオラ・オフィキナリス

Gratiola officinalis

オオバコ科 ／ 分布：ヨーロッパ
光量：□□　CO₂量：●●　底床：▲

沈水葉は長さ 1.5cm、幅 5mm。緑色で光が強いと赤味を帯び
る。ヨーロッパでは薬用のハーブとして中世から利用されてき
たが、毒性も強いため現在では一般的ではなく、花のきれいな
湿生植物としてウォーターガーデニングで親しまれている。強
光、CO₂ の添加、ソイルの使用で、水槽栽培も容易。生長が
早くないので中景での活用も可能。優しい色合いが魅力

グラティオラ・ペルヴィアーナ

Gratiola peruviana

オオバコ科 ／ 分布：南米、オーストラリア
光量：□□　CO_2量：●●　底床：▲

葉は卵形で小さな鋸歯が付き無柄で茎を抱く。長さ 1.5 〜
4.5cm、幅 6 〜 27mm。水槽内では鋸歯は目立たなくなり、
葉も小型化、長さ 1.5cm、幅 8mm ほどに。明るい緑色で、
小型のバコパに似た姿をしている。ピンク色の花の観賞価値
が高く、水辺の植物としても楽しめる。水槽内では育成がや
や難しく、強光と CO_2 の添加は必須。生長が遅いので中景に
利用しやすい

グラティオラ・ヴィスキドゥラ

Gratiola viscidula

オオバコ科 ／ 分布：アメリカ東部
光量：□□　CO_2量：●●　底床：▲

矩形状卵形から卵形の葉は長さ 2cm。鋸歯が付き、葉柄はな
くやや茎を抱く。水槽内では小型化しサイズは半分ほどに。先
端にかけて鋭く細くなり、鋸歯はほとんど目立たなくなるかな
くなり、狭披針形と雰囲気もずいぶん変わる。小型で分枝もよ
く、生長も早くないので前景の後ろに最適だが、長く伸ばして
も他にはない姿でおもしろい。強光、CO_2 の添加は必須

ギニアンドワーフアンブリア

Limnophila sp. 'Guinea Dwarf'

オオバコ科
分布：ギニア
光量：□　CO_2量：●　底床：▲▲▲

同産地のギニアンレッドアンブリアよりも小型で、裂片の幅が
広く、ぷりぷりと小型の多肉植物のような可愛らしい印象。そ
の反面、ややクセがあり育成は容易ではない。十分に茎が充実
してから差し替え、横走する茎はある程度自由にさせるのが、
アンブリア栽培のコツ。子株もしっかりと育ってから植え替え
ると失敗は少ない。他の種類にはない魅力は中景で楽しみたい

リムノフィラ・ヘルフェリー

Limnophila helferi

オオバコ科 ／ 別名：ベトナムゴマノハグサ
分布：ベトナム
光量：□□　CO_2量：●●　底床：▲

沈水葉は線形で、長さ 1 〜 1.5cm、幅 2 〜 3mm、小さな鋸
歯が付き輪生する。葉色は淡い緑色で爽やかな印象。強光下
では赤味を帯びることもある。近年、リムノフィラの一種であ
ったことが判明。新しい分類体系ではオオバコ科になったもの
の、今でもベトナム産のゴマノハグサ科の仲間という、入荷当
初のざっくりとした通称名のまま流通していることも多い

リムノフィラ・アロマチカ

Limnophila aromatica

オオバコ科 ／ 別名：レッドステム
分布：日本、中国、インド、オーストラリアなど
光量：□□　CO$_2$量：●●　底床：▲

狭披針形の沈水葉は対生から3輪生で、長さ2〜6cm、幅
1.0〜2.5cm。明るい緑色から茶緑色、赤味を帯びることも
多い。弱酸性の水を好み、強光、CO$_2$の添加が育成条件になる。
和名のシソクサは本属が放つシソに似た香気から。学名の由
来も同様に香りから。古くから水草として流通。少量でも存
在感を放つので、中景から後景のアクセントに使い易い

ニューオランダプラント

Limnophila hippuridoides

オオバコ科 ／ 分布：マレーシア
光量：□　CO$_2$量：●　底床：▲▲

沈水葉は広線形で6〜8輪生。長さ3〜6cm、幅3〜
4mm。赤から赤紫色。条件がよいと濃く発色。直径10cm
に達する赤紫はアクセントに十分なほどよく目立つ。新しい
ソイルに強い光ときれいな水が揃えば、CO$_2$の添加がなくて
も育成は可能。入荷直後や濃い色を引き出すには添加が有効
である。弱酸性を好む。中性の環境であれば液体肥料を施す
と効果的

パールグラス

Micranthemum glomeratum(Hemianthus glomeratus)

アゼナ科
分布：北米
光量：□　CO$_2$量：●　底床：▲▲

透明感のある緑色で小さな葉を付ける人気種。葉は披針形か
ら楕円形で、長さ3〜9mm、幅2〜4mm。本種の群生は
定番とはいえ、やはり素晴らしい。以前使用されていた学名
*H.micranthemoides*は別種のもので、すでに絶滅している可
能性が高いとのこと。本種は米国フロリダ州の固有種という
ことだ。ソイルでもよいが酸性に傾き過ぎないように注意

ニューパールグラス

Micranthemum sp. (*Hemianthus* sp.)

アゼナ科
突然変異種
光量：□　CO$_2$量：●　底床：▲▲

パールグラスが3〜4輪生するのに対し、本種は対生をする
のが特徴。這う性質が強く、前景に使うのであれば、こちら
のほうが適している。光が弱いと上へ伸びていこうとするの
はノーマル同様。前で使いたい場合は強光を用意する。それ
に見合ったCO$_2$添加も、美しい姿のためには準備したい。光
合成により気泡を付けた本種の群生は誰の目をも惹き付ける

75

ラージパールグラス

Micranthemum umbrosum

アゼナ科 ／ 分布：北米
光量：□ CO₂量：● 底床：▲

4〜7mm の円形の葉を対生させる。茎は直立または斜上しながら伸長。強光下では匍匐するが、すぐに立ち上がりやすい。明るい黄緑色が鮮やかで水槽内でもよく目立つ人気種。弱酸性を好み、大磯よりはソイルの方が調子がよい。強光にしないと茎の下部から衰弱し、いずれ浮き上がってくるので注意。CO₂ の添加は必須としたい。群生美は見事である

ドリマリア

Lindernia rotundifolia

アゼナ科 ／ 分布：南アジア、マダガスカル、アフリカ
光量：□ CO₂量：● 底床：▲▲

卵形の葉は長さ 0.7〜1.2cm、幅 0.5〜0.8cm。ラージパールグラスを大きくしたような姿で、縦方向へ生長する。中景から後景向き。基本的には丈夫な種類で、少量の CO₂ 添加は有効だが、多すぎると間延びしやすくなるので注意。写真は斑入り品種。メキシカンバーレン同様、流通するのはほぼ斑入りもので、ノーマルを見かける機会は少ない

カーナミン

Clinopodium brownei

シソ科 ／ 分布：北米、南米
光量：□ CO₂量：● 底床：▲▲

茎は細く方形。葉は長い柄が付き広卵形で、長さ 1〜1.5cm、幅 1cm ほど。波状の葉縁は沈水葉では目立たなくなり、葉色は緑。全草に独特の香りがある。水中で節から長く伸びる根を出す。この白い根は野趣に富みいいアクセントに。水質は選ばないが、CO₂ の添加は有効。葉色が薄くなった時は、液肥を施すとよい。パールグラスやルドウィギアなどとの相性は抜群

パンタナルヘミグラフィス

Hyptis lorentziana

シソ科 ／ 分布：南米
光量：□□ CO₂量：●● 底床：▲

茎は細く方形で直立して伸長。1〜1.5cm の葉柄があり、対生。葉は卵形で、長さ 2〜3.5cm、幅 1〜1.8cm。葉縁は緩く波打つ。最大の特徴は葉色の紫。強光、CO₂、総合的な栄養分の添加で美しい発色を見せる。緑色との相性がすこぶるよく、お互いを引き立て合う。写真はパンタナル産のもの。他にマナウス産のものがあり、そちらは葉が細長い三角形になる

ポゴステモン・エレクタス

Pogostemon erectus

シソ科 ／ 分布：インド
光量：□□　CO₂量：●●　底床：▲

葉は 10 輪生以上付くこともあり、節間が詰まり端正な姿。線形の葉は明るい緑色でよく映える。花色は藤色。ソイルとCO₂ の添加があれば育成は容易。水質変化による頂芽の縮れも少ない。強光下でトリミングをこまめに繰り返すことによってコンパクトで密生度の高い繁みを作ることができる。後景でもよいが、やはり中景で真価を発揮するタイプの水草であろう

ポゴステモン・ヘルフェリー

Pogostemon helferi

シソ科 ／ 分布：タイ、ミャンマー
光量：□□　CO₂量：●●　底床：▲▲▲

長さ 4cm、幅 8mm ほどの狭楕円形の葉は、葉縁が強く波打ち、3～5 輪生。川の石灰岩の間などで急流を受けながら生活している。そのため、水槽内でも活着させて使うことが可能。やはり流木よりも石の方が似合う。ソイルを使い、こまめに換水して新しい水を送る。同様の環境を好むキューバパールとは相性がよいだろう。十分な CO₂ と光量、鉄分の供給も重要

オランダプラント

Pogostemon stellatus

シソ科 ／ 分布：日本、東アジア、東南アジア、南アジア、オーストラリア
光量：□□　CO₂量：●●　底床：▲

葉の長さ 4～9cm、幅 3～6mm、水上では 3～6 輪生、水中では 3～14 輪生。代表的な育成難種で、うまく育てられた時の美しさと満足感は格別。間違いなくレイアウトの顔になる存在だ。高い育成条件を変えずにキープし続けるのが重要。育成が容易な同属他種に押され見る機会が減っているのは残念。腕に自信が付いてきたら、ぜひチャレンジしてもらいたい水草だ

ミズトラノオ

Pogostemon yatabeanus

シソ科
分布：日本、朝鮮半島
光量：□　CO₂量：●　底床：▲▲▲

葉の長さ 3～8cm、幅 5mm 前後で、明るい緑色。ステラータスと違い匍匐茎を横走させ増殖する。育成も同属中では比較的容易で、大きく環境を変えなければ葉が縮れることも少ない。派手さはないが、素朴な趣きが本種の魅力。緑色の水草との相性が抜群。ポタモゲトンやムルダニア、エレオカリスと組み合わせることで和の雰囲気を演出することもできる

グリーンロベリア

Physosategia purpurea

シソ科 ／ 別名：フィソステギア・プルプレア
分布：北米
光量：□ CO₂量：● 底床：▲▲

水中では 10cm ほどの高さになり、葉身は披針形から倒披針
形で、葉柄は長め。特徴的なのは耐寒性で、水鉢栽培をして
いると、冬期に沈水葉を形成し越冬している姿を見られる。
水面に氷が張っても青々としているほど低温には強い。夏は
まるで形の異なる抽水葉で生活。強光と、豊富な栄養分も好む。
ヒーターなしの水槽で冬季限定栽培というのもおもしろい

ハイグロフィラ・コリムボーサ・'コンパクト'

Hygrophila corymbosa 'Compact'

キツネノマゴ科 ／ 別名：テンプルプラント・コンパクト、
ミニテンプル ／ 改良品種
光量：□ CO₂量：● 底床：▲▲

テンプルプラントの矮性品種で、極端に短い節間が特徴。葉
も小さく、長さ 5cm、幅 3cm ほど度。生長も遅く、こじんま
りとしやすい。ノーマル種同様水質にはうるさくないが、CO₂
の添加だけは必ず行ないたい。前寄りの中景や、流木や石の
前に配置して雰囲気を和らげるために使われることが多い。サ
イズ感を活かし、小型水槽のメインに据えることも可能だ

ウィステリア

Hygrophila difformis

キツネノマゴ科 ／ 分布：インド、ミャンマー、タイ、マレー半島
光量：□ CO₂量：● 底床：▲▲

環境に応じて葉の形を変える水草のなかでも、特に顕著な異
形葉性を持つ種類。水上では卵形で鋸歯が付く葉を持ち、水
中では不規則に切れ込みが入り、浅裂から深裂する葉を付け
る。沈水葉の長さは 10cm、幅 5cm ほど。照明や CO₂ の添加
に関して高い要求はなく、水質面を含め幅広い環境に対応で
きる。初心者向きながら美しく、レイアウトには欠かせない

ホワイトウィステリア

Hygrophila difformis 'Variegata'

キツネノマゴ科 ／ 改良品種
光量：□ CO₂量：● 底床：▲▲

ウィステリアの斑入り種で葉脈が白く抜ける。水上の葉で特
に顕著。水中では斑は目立たなくなるが、強光、CO₂ の添加
で、茎上部で確認できるようになる。基本的な育成方法はノー
マル種に準じ、大変丈夫。本種の他にも、大理石状に斑模
様が入るマーブルウィステリアという品種も存在する。どち
らも光のよく当たる場所で、斑模様を楽しみたい

ギニアンハイグロ

Hygrophila odora

キツネノマゴ科 ／ 別名：ハイグロフィラ・オドラ
分布：西アフリカ
光量：□□　CO₂量：●●　底床：▲

沈水葉は細長い楕円形で羽状深裂し、長さ7～10cm、幅
1.0～1.5cm。葉色はウィステリアのような鮮緑色。弱酸性
の環境を好むため、底床はソイルを使用。強光、CO₂の添加
は必須である。微量栄養素だけでなく総合的な栄養分の施肥
も有効である。魚の骨を連想させる風変わりな草姿は、群生
させたときにとても個性的な空間を作りだすことができる

ハイグロフィラ・ポリスペルマ

Hygrophila polysperma

キツネノマゴ科
分布：インド、スリランカ、ミャンマー、タイなど
光量：□　CO₂量：●　底床：▲▲

底床はソイル、大磯のどちらでもよく、強光、施肥の必要もな
いため、初心者にはもってこいの強健種。CO₂の添加をする
と育ち過ぎ、見た目が悪くなるほど間延びする。また、葉色も
強光、高栄養下では茶色味を帯び、鮮やかな緑色を失ってし
まう。本種の美しさを堪能するなら、逆に水草用の設備なしの
方がよい。単独で群生させるだけでも見事なレイアウトになる

ハイグロフィラ・ポリスペルマ・'ロザエ'

Hygrophila polysperma 'Rosanervig'

キツネノマゴ科 ／ 改良品種
光量：□　CO₂量：●　底床：▲▲

フロリダの水草ナーセリーで登場した美麗な斑入り種。ヨー
ロッパのファームからリリースされ広く普及。育成の容易な
赤系水草として、現在では世界中で親しまれている。ちなみに、
ポリスペルマ種の維持、栽培が禁止されてしまった本家のアメ
リカでは育てることのできない水草となってしまっているよ
うだ。ピンクの発色には、強光、CO₂の添加、施肥が有効に

タイガーハイグロ

Hygrophila polysperma 'Tiger'

キツネノマゴ科 ／ 分布：タイ
光量：□　CO₂量：●　底床：▲▲

自生地はタイ北部の牛の水飲み場のような窪みで、貧栄養の
クリアウォーターでやや木陰になった場所。水槽内でも光量、
肥料を抑え気味にすると、葉色を緑にしたまま虎斑を楽しむ
ことができる。条件を上げると茶系に色付き、褐色の斑模様
も濃くなり、いずれも美しい。CO₂を添加しても極端な間延
びがなく、本格的なレイアウトに使い易いため人気に

オギノツメ

Hygrophila ringens

キツネノマゴ科　／　分布：日本、東南アジア
光量：☐☐　CO₂量：●●　底床：▲

日本在来のハイグロフィラの一種。狭楕円形、披針形または線形の葉は、長さ4～12cm、幅0.5～2.2cm。水槽では長さ7cm、幅0.7cmほど。強光とCO₂の添加が有効。生長は遅いものの、育成はそれほど難しくない。灰緑色の葉は、紫を帯びることもあり、派手ではないが落ち着いた美しさがある。単体よりも、他の水草と合わせることによって存在感を発揮する

ハイグロフィラ・バルサミカ

Hygrophila balsamica

キツネノマゴ科　／　分布：インド、スリランカ
光量：☐　CO₂量：●　底床：▲▲▲

1980年代にドイツで流通、毒のある水草として日本でも話題に。マニア垂涎の的であったが、現在では一般的に流通し入手も容易。水上の葉や茎をつぶすと、粘性と香りのある液体が分泌され、それが魚に害を与えるといわれている。沈水葉では無害化するので実際影響を受けることはまずない。沈水葉は長さ10cm、幅7cmで、細く櫛の歯状になる姿もまた珍しい

スタウロギネ・スパトゥラータ

Staurogyne spathulata

キツネノマゴ科　／　分布：インド、マレーシア
光量：☐☐　CO₂量：●●　底床：▲

葉は互生し、へら形から矩形、長さ2～6cm、幅1～1.8cm。灰緑色。よく似たキンバリーハイグロ*Staurogyne leptocaulis*（スパトゥラータのシノニムという説あり）よりはクセがなく育てやすい。CO₂の添加は必須。大磯でも何とかいけるがソイルのほうが無難だろう。生長が遅いので前景から中景向き。傾斜を付けて植え込み、ダッチ系レイアウトに活用する事もできる

ミゾカクシ

Lobelia chinensis

キキョウ科　／　分布：日本、中国、東南アジア
光量：☐☐　CO₂量：●●　底床：▲

水田の周りに生える小型の抽水～湿生植物。旺盛な生長を見せ、畔を覆い尽くす様から、アゼムシロの別名もある。水田やため池の中で沈水生活を見ることも少なくない。水槽栽培も可能で、小型化はするものの、狭披針形の葉を互生させながらゆっくりと斜上させていく。強光とCO₂の添加、ソイルの使用がポイント。赤紫色に色付く葉は前景に混ぜるとおもしろい

ロベリア・カルディナリス

Lobelia cardinalis

キキョウ科 ／ 分布：北米
光量：□ CO$_2$量：● 底床：▲▲▲

ストリートとも呼ばれる、スロープ状に植えられた群生美が有名な、ダッチアクアリウムのキーアイテム。生長をコントロールしやすく、前景から続く緩やかな勾配を作りやすい。本種があるだけでダッチ風になるほど重要なアイテムになっている。沈水葉は矩形から倒卵形。大型化しないよう密植し肥料を控えると、通常よく見る円形の小さな葉になる

ロベリア・カルディナリス・'ウェービー'

Lobelia cardinalis 'Wavy'

キキョウ科 ／ 改良品種
光量：□ CO$_2$量：● 底床：▲▲▲

名前の通り葉縁が波打つのが特徴。カルディナリスには、この他にもスモールやミニと呼ばれる小型種、花色の違う園芸品種が複数存在している。水上では高さが1m以上に育ち、乾燥させなければ庭植えも可能。派手な花色で花数も多く、観賞価値の高さから改良品種も多くなっている。水鉢で抽水育成もでき、マルチプレイヤーの名にふさわしい植物である

バナナプラント

Nymphoides aquatica

ミツガシワ科 ／ 別名：ハナガガブタ
分布：北米南東部（日本に帰化）
光量：□ CO$_2$量：● 底床：▲▲▲

肥大した殖芽の形態がバナナの房にそっくりなため、人気が高く見る機会も多い。水中葉を数枚出すが、やがて浮葉を伸ばすようになる。水鉢で栽培し、夏から秋にできた殖芽の一部を、水槽内で楽しむサイクルを作ってもおもしろい。日本を含む世界各地で帰化が報告されている。さらなる拡大を防ぐためにも、あらためて屋外への逸出には注意する必要がある

ニムフォイデス・ヒドロフィラ

Nymphoides hydrophylla

ミツガシワ科 ／ 別名：タイワンガガブタ、ニムフォイデス sp. 'タイワン'、ニムフォイデス sp. 'フリッパー'
分布：台湾から南アジア
光量：□ CO$_2$量：● 底床：▲▲▲

浮葉を出しにくく、水槽栽培に適したニムフォイデスの仲間で、90年代に台湾からドイツに渡り流通。明るい緑で柔らかい円心形の葉を展開する。この風変わりな姿がアクセントにちょうどよい。葉幅10cm、葉柄の長さ10〜13cm。CO$_2$をしっかりと添加し光合成をさせたときなどはかなり美しい。群生させるとメインを張れる主役クラスの水草でもある

アクメラ・レペンス

Acmella repens

キク科 ／ 分布：アメリカ南部、中米、南米
光量：□ CO₂量：● 底床：▲ ▲

キク科の水生植物で水槽で育成が可能。弱い鋸歯の付く卵形の
葉は長さ2〜4cm、幅1〜3.5cm。沈水化すると小型になる。
基本的に丈夫で大磯、CO₂添加なしでも育つが、きれいに育て
るならソイルを使い、CO₂の添加をした方がよい。茎の上部に
付く葉に光がよく当たっていると、葉柄と主脈の根元部分が赤
く色付き、よいアクセントになる。貝の食害に弱いので注意

アマゾンチドメグサ 🔖

Hydrocotyle leucocephala

ウコギ科 ／ 分布：メキシコ南部からアルゼンチン北部
光量：□ CO₂量：● 底床：▲ ▲

円形から腎臓形の葉は基部で深く切れ込み、葉縁は浅く切れ
込み波状に。葉は互生して付き、茎は通常は斜上するため、
後景の端に植えるのには持ってこい。流木と合わせて配置する
だけで、自然感がぐっと増し、アマゾンの水中風景を簡単に作
ることができる。照明やCO₂の添加に関して高い要求はなく、
幅広い環境に対応できる、初心者にもおすすめの水草だ

ヒドロコティレ・シブトルピオデス

Hydrocotyle sibthorpioides

ウコギ科 ／ 別名：ヒドロコティレ・マリチマ、チドメ
グサ ／ 分布：日本、東南アジア
光量：□□ CO₂量：● ● 底床：▲

葉の直径が0.5〜2cmの小型種。マリチマの名称で以前から
流通はあったが、オーストラリアンドワーフヒドロコティレと
ヒドロコティレ・ミニという、育て易く、背丈も低く抑えやす
い種類の台頭により、見る機会が減っているのは残念。強光
にしても上へと伸びやすく、葉の切れ込みが顕著なこともあ
り、野趣に富む印象。そこを逆手にとって和風に使うという
のもありだ

カロリーナコブラグラス

Lilaeopsis carolinensis

セリ科 ／ 別名：リラエオプシス・カロリネンシス
分布：アメリカ南部、南米南部
光量：□□ CO₂量：● ● 底床：▲

葉の長さ4〜20cm、幅3〜4mm。前景草で紹介したブラ
ジリエンシスの倍ほどのサイズになる大型種。先端の幅は広
いが曲がり方は緩い。地下茎を横走させながら分枝を繰り返
して増殖。育成の基本はブラジリエンシスに準ずるが、本種
の方が育成は容易。水槽内では小型化するものの、そのサイ
ズ感からすると前景よりは中景向き。低い石組の後ろに使っ
てもおもしろい

リラエオプシス・ポリアンタ

Lilaeopsis polyantha

セリ科 ／ 別名：オーストラリアンコブラグラス
分布：オーストラリア
光量：□□ CO₂量：●● 底床：▲

葉は線形で狭く、断面は円形または楕円形、長さ1〜35cm、幅0.5〜5mm。黄緑色。水槽ではそこまで大きくなりにくい。オーストラリア南部に広く分布。長さの割に葉幅が狭いので、マクロヴィアーナ（P123）に比べ華奢な印象。育成はブラジリエンシスに準じる。自生地でもやや影になるような場所にあるため、水槽でも育て易い。ただし、きれいに育てるのには強光が必要

イソエテス・ラクストリス

Isoetes lacustris

ミズニラ科
分布：ヨーロッパ、北米
光量：□ CO₂量：● 底床：▲ ▲

茎の断面は2列で、葉を多数叢生させ、緑色の葉は長さ25cm。葉の内部は空洞になっており浮力がある。植える際は外側の葉を数枚1cmほど残し、錨の役割りになるようにして植え、株元を軽く押さえるようすると浮きにくい。根付くまでは注意する。硬そうな見た目で実は柔らかいのがミズニラ独特の質感。大きくなると株を2つに分けて増やすことができる

ウォータースプライト

Ceratopteris cornuta

イノモトソウ科
分布：アフリカ、中東、南アジア、オーストラリア
光量：□ CO₂量：● 底床：▲ ▲

ミズワラビの仲間には葉が二型あり、ひとつはふつう我々が葉として親しんでいる栄養葉、もうひとつが繁殖に利用される胞子葉である。本種の栄養葉は長さ7〜27cm、胞子葉は長さ47cmまで。沈水、浮葉、湿生まで様々な姿で育成することが可能。古くから観賞魚用の水草として親しまれている。グッピー水槽の定番種としても有名で、稚魚の隠れ場所に最適

タイワンファン

Hymenasplenium obscurum

チャセンシダ科
別名：アスプレニウム cf. ノルマーレ
分布：アフリカ、マダガスカル、アジア熱帯地域
光量：□ CO₂量：● 底床：▲ ▲

陰湿な森林の渓流沿いの岩上に生じる。常に水しぶきがかかるような半水生的な場所にあるものは、やや透けるような葉が観察されるが、水槽内では茎からすべて透明感のある沈水型に変化する。同属でアクアリウムプランツとして利用されるのは本種が初めて。既存の水生シダ植物にはない雰囲気が魅力。生長は遅いものの育成自体は難しくない

新しい水草を導入しよう
～自分だけのレイアウトを目指して～

レイアウト制作／
志藤範行（An aquarium.）
撮影／石渡俊晴

水槽サイズ／ 60 × 30 × 45（H）cm
使用している水草／
ホワイトウィステリア、サンタレンチェーンロータス、ギニアンドワーフアンブリア、ラトナギリミズハコベ、アマゾンハイグロパープル、ロベリア・カーディナリス、ロタラ・マクランドラ・'グリーン・ラージリーフ'、ローライマバコパ、ラオスファインリーフスプライト、ギニアンルドウィギア、ギニアンハイグロ（ウィステリア）、カンボジアンワリキィ、エイクホルニア・'パンタナール'、リムノフィラ sp. 'カンボジアンナロー'、ポタモゲトン sp. 'テフェ'、ハイグロフィラ・ビオラセラ、斑入りレインキー、ラージパールグラス、ロタラ・マクランドラ・'ナロー'、パンタナルバコパ、レッドピンネイト、グリーンロタラ

近年紹介された水草を中心に植え込まれた水槽。レイアウトでの使い方を知るのには最高の教科書

未知の水草を使う意義

　新しいモス類をレイアウトで活かせるよう具体的な形で紹介するという、シンガポールから起こったムーヴメントは、瞬く間に世界中に拡散。今ではモス類を使ったレイアウトは、新しいジャンルとして確立され、日々、発展、進化を遂げている。

　フレイムモスで立ち上がる樹木を、ウィーピングモスで逆にしだれる姿を、リカルディア・グラエフェイ（ナンヨウテングサゴケ）は苔むした石や流木を、というように新しいモス類が紹介されるたびに、新たな表現スタイルが誕生。当然これは現在進行形で継続され、アジア圏のレイアウターを中心に、極

ハイグロフィラ・トリフローラ　*Hygrophila triflora*
羽状に浅裂し、赤みが乗るインド産ハイグロフィラの新顔

クリプトコリネ・アルビダ・レッド（タイ便、組織培養株）
Cryptocoryne albida 'Red'
タイの水草ファームから入荷するショッキングピンクのバリエーション

制作・撮影／
高城邦之（市ヶ谷フィッシュセンター）

水槽サイズ／90 × 45 × 45（H）cm
使用している水草／エリオカウロン・ブ
レヴィスカブム、ネカマンドラ・アルテ
ルニフォリア、フロスコパ・スカンデン
ス、ウォーターオーキッド、グラティオ
ラ・オフィキナリス、グラティオラ・ペ
ルヴィアーナ、リムノフィラ・インディ
カ、コキクモ、オギノツメ、ミゾカクシ、
ミズスギナ、ミズマツバ、オオタヌキモ、
イバラモ

「畑水槽」は水草の特性を知るの
に絶好の学びの場。自分の手で
育ててこそ得られるものは多い

少ない種類で作り上げられたシンプルかつ深みの
ある幽玄の世界は、水草レイアウトの概念を広げ続
けている。

　一方、最近の日本はどうかというと、私達はつい
つい実績のある既知の種類ばかりを使いがちではな
いか。そのほうが簡単だし、できるだけ失敗せず
に済ませたいという今の風潮には即しているのだろ
う。しかし、新しい水草を積極的に導入するなかか
ら革新的なレイアウトは生み出されてきた。今まで
ずっとそうだったし、これからもそうしていかなけ
れば発展は見えない。

　では、失敗をせずに新たな水草をレイアウトに導
入するにはどうすればよいのか。使う前にそれぞれ
の特性を知る必要がある。意識の高いレイアウター
は、レイアウト水槽とは別に、「畑水槽」という別
水槽を併設し、レイアウトの材料となる新しい水草
の増殖をしつつ、育成実験を行ない、どのような姿
形になるのか、サイズ感や生長スピード、殖え方等
も見極めてからレイアウトに導入している。

　そして、このような畑水槽を発展させ、新しい水
草だけを使いレイアウト風にして育てるというスタ
イルも楽しまれている。このような水槽はショップ
で見る機会が多く、そこから新たな水草の導入のヒ
ントを得る学びの場ともなっている。

温故知新でレイアウト

　日頃からアンテナを張っておけば、新しい水草の
動向を知ることも難しくない。最近はプランツハン
ターと呼ばれる人がイベントなどで未知の水草を直

販をするケースも見られるが、そのようなものを利
用できなくても、ショップで新しい水草の入手は十
分に可能だ。周知されていないだけで、ファームか
らも新しい種類は入荷している。鉛巻と呼ばれる比
較的安価な販売スタイルの水草にも、時折おもし
いものが輸入されてくるので、侮ってはいけない。

　本書の掲載種を選定するにあたり、近年のレイア
ウト作品を数多く見たが、最近使われていない種類
の多さに驚いた。このままでは既存の一般種でも、
使用頻度の少なさゆえに、流通からもれてしまうの
ではないかと心配になってしまった。古くから知ら
れる種類でも、若い人やそれを知らなかった人に
とっては、新しい種類と変わらないはずだ。

　育てたことのない種類は、一度挑戦してはいかが
だろう。既成概念にとらわれることなく、新しいジャ
ンルを生み出すくらいのつもりで、自分ならではの
レイアウトを作っていただきたい。

タイワンコウホネ　*Nuphar shimadae*
台湾の固有種。日本のベニオグラコウホネと同種？

後景に適した水草
レイアウト例

レイアウト制作／新田美月（H2）　撮影／石渡俊晴

後景に適した複数の水草で華やかに 2

右側のボリュームが少ないものの、色合いで何とかカバー。華やかな生物も助けになっているのには、制作者の総合力が感じられる。初心者のお手本になるような好感の持てる作品

DATA

水槽サイズ／ 60 × 30 × 36 （H） cm
照明／ソーラー I （150W メタハラ／ ADA）、ZENSUI LED PLUS ＋ストロングホワイト 60 （14.5w ） 1 日 11 時間点灯
ろ過／エーハイム クラシックフィルター 2215
底床／ラプラタサンド （ADA）、園芸用カラーサンド、アドバンスソイルプランツ
CO_2 ／ 1 秒に 3 滴
添加剤／ナノ デイリー フェルティライザー、NPK ブースター、S7 ビタミックス、NPK ブースターを 2 日に 1 回 5 滴

換水／週に 1 回 1/2
水質／ 26℃
生物／グッピー、レッドファントムテトラ、オトシン・ネグロ、ニジイロボウズハゼ、ヤマトヌマエビ、石巻貝
水草／ポゴステモン・エレクタス、セイロンロタラ、リスノシッポ、ウォーターウィステリア、グリーンロタラ、ウィローモス、レッドミリオフィラム、ロタラ・マクランドラ・'グリーン'、ルドウィギア sp '. スーパーレッド'、アマニア・グラキリス、ウォーターバコパ、オーストラリアンドワーフヒドロコティレ

後ろの空間を隠すだけでなく、レイアウトの輪郭をはっきりさせるため、テープ状の水草で縦線、有茎草で横線を強調することができる。思った以上に生長の早さが重要で、中景草に生長スピードで負けると、せっかく植えても間が抜けてしまうので要注意

レイアウト制作／中村晃司　撮影／石渡俊晴

後景草を効果的に使ったレイアウト

大きくなる後景草を思う存分に育てることができるのは、大型水槽を使ったレイアウトの醍醐味。レイアウトの美しさに加え、その迫力に圧倒されるものがある。このような楽しみ方も捨てがたい

DATA

水槽サイズ／180 × 80 × 60（H）cm
照明／32W 蛍光灯　1日 11 時間点灯
ろ過／エーハイム 2260、エーハイム 2222
底床／パワーサンド、アクアソイル - アマゾニア（ADA）
CO_2／1秒に2滴×2　1日に 11 時間
添加剤／水換え時に ECA（ADA）を適量
換水／週に1回 1/2

生物／ワイルドスカラレエンゼル、ラミーノーズテトラ、オトシンクルス、サイアミーズフライングフォックス、アノマロクロミス・トーマシィ、ヤマトヌマエビ
水草／ラビットイヤーロータス、ミクロソルム、ウイローモス、アヌビス・ナナ、ヴァリスネリア・ナナ

レイアウト制作／藤森 佑（バウバウアクアガーデン）　撮影／石渡俊晴

後景草で人工物を隠してスッキリと

見えにくいかもしれないが右側の後景草の後ろに配管パイプが隠れている。ヒーターのコードなど見えて欲しくない人工物を隠すという使い道も後景草にはあるという好例だ

DATA

水槽サイズ／90 × 40 × 50（H）cm
照明／39W 蛍光灯×3灯1日8時間点灯
ろ過／エーハイムプロフェッショナル 3e2076
底床／ショップオリジナルパウダーソイル、アクアサンド ブラウン、天然川砂
CO_2／1秒に2滴
添加剤／水草のランチ、極肥　追肥を底床肥料として。フローラセル、フェロセルを週に1回適量
換水／2週に1回 1/2

水質／未計測
水温／26℃
生物／レッドライントーピードバルブ、ミナミヌマエビ、オトシンクルス
水草／ラージパールグラス、ブリクサ・ショートリーフ、グロッソスティグマ、エレオカリス・ヴィヴィパラ、グリーンロタラ、オーストラリアンドワーフヒドロコティレ

後景を美しく彩る水草カタログ

見えないお洒落が大事とよく聞くが、レイアウトにとっての後景草も同じようなもの。あるとないとでは全体像の締まり方がまったく異なって見える。近年は、前景、中景草に合わせ葉の細かいもの、小さいものの人気が高くなっている

掲載水草144種類：268～411 / 500種

タイガーヴァリスネリア

Vallisneria nana

トチカガミ科
別名：ヴァリスネリア sp. 'レオパード'、ヴァリスネリア sp. 'ストライプ'
分布：オーストラリア
光量：□　CO₂量：●
底床：▲▲

名前の通り、葉に赤褐色の虎斑模様が細かく入る。特に新葉は美しく、観賞価値は高い。全体的に黒っぽく締まって見えるため、後景に使ってもぼやけた印象になりにくく、その前にある水草をきれいに見せる効果も生む。ヴァリスネリアは全般的に丈夫といえるが、本種はとくに強健で初心者にも扱いやすい。また、一般種に比べ大きくなりにくく、凝ったレイアウトにも向いている

イエローカボンバ

Cabomba aquatica

ジュンサイ科（ハゴロモモ科）
別名：ゴールデンカボンバ
分布：南米北部から中部
光量：□□□　CO$_2$量：●●
底床：▲

大柄にして繊細さを併せ持つ南米産らしい美麗種。カロリニアーナ種の2倍以上の大きさになる葉は特徴的な黄緑色で、裂片が非常に細く、つるつるとした触感。花は黄色。育成には強光、CO$_2$の添加の他、ソイル系底床材の使用が求められる。弱酸性を好むため、pH降下剤も有効。後景を広く淡い彩りで飾ることができるので、ぜひ大型水槽で楽しんで頂きたい

カボンバ・カロリニアーナ

Cabomba caroliniana

ジュンサイ科（ハゴロモモ科）
別名：キンギョモ、ハゴロモモ、フサジュンサイ、グリーンカボンバ ／ 分布：北米（ヨーロッパ、アジアなどで野生化）
光量：□　CO$_2$量：●　底床：▲ ▲

分岐した糸状の葉を扇型に広げて対生させる。全体として房状になり、葉は緑色、花は白。いかにも水草といった姿。「金魚藻」として金魚の副食にも用いられる。耐寒性、耐陰性に優れ、非常に強健で屋外内を問わず育成は容易。近年はメダカの産卵床としての需要も高い。世界の広い地域、また日本各地でも野生化している。屋外への逸出にはくれぐれも注意

カボンバ・'シルバーグリーン'

Cabomba caroliniana 'Silver Green'

ジュンサイ科（ハゴロモモ科）
改良品種
光量：□　CO$_2$量：●　底床：▲ ▲

各裂片が捻じれ裏の白色が断片的に覗くため銀色に輝くように見える改良品種。ドイツの故ハンス・バース氏のファームで作出されたもので、元がカロリニアーナ種のため、育成はそれほど難しくはないが、光には十分当てたい。緑色との相性がよく、気泡が見えるようなリシアやパールグラスとの組み合わせがおすすめ。後景はもちろん中景にも重宝する

レッドカボンバ

Cabomba furcata

ジュンサイ科（ハゴロモモ科） ／ 分布：中米から南米
光量：□□　CO$_2$量：●●　底床：▲

赤い葉と赤紫色の花は、誰の目をも引き付ける。川を埋め尽くすその野生の姿は幻想的なまでに美しい。サイズはカロリニアーナ種と変わらないが、3輪生するため葉が密に付く違いがある。強烈な色彩は魅力的だが強健とはいい難い。育成はイエローカボンバに準じ、さらに施肥がポイントに。緑とのコントラストの他、流木のブラウンとの相性も抜群

カボンバ・パラエフォルミス

Cabomba palaeformis

ジュンサイ科（ハゴロモモ科） ／ 分布：中米
光量：□　CO$_2$量：●　底床：▲ ▲

葉は対生し、カロリニアーナ種よりも一回りほど小さいサイズ。グリーンタイプとレッドタイプがあり、どちらも茶色味を帯びる。他種に比べるとややくすんだような印象を受けるからか流通は少ない。ただし、同属きっての強健種で、硬度の高い水を好み、CO$_2$の添加がなくてもよく育つ。産地と水質が同じ、プラティやグッピーと合わせると雰囲気がぐっとよくなる

コウホネ

Nuphar japonica

スイレン科 ／ 分布：日本、朝鮮半島
光量：□　CO$_2$量：●　底床：▲ ▲

薄い膜質で、その緑色で透明感のある葉は他種にはない魅力がある。長さ20cm、幅10cm以上と存在感も十分。骨のような白い地下茎は浮力が強く、根が張るまでは要注意。肥料切れを起こしやすいので、底床に埋め込むタイプのものを定期的に施すとよい。23～26℃が適温。クセのないすっきりとした美しさで、レイアウトでは何にでも合わせやすい

ナガバコウホネ

Nuphar japonica

スイレン科 ／ 分布：日本、朝鮮半島
光量：□　CO$_2$量：●　底床：▲ ▲

種としてはコウホネと同一のものであるが、全体的に細く長い表現をしているのが、園芸的な価値として認められ古くから親しまれている。主に北日本に見られる表現で、西日本では短い長卵形になる傾向が強い。縦方向に伸びていくので、レイアウトの邪魔になりにくい。写真は北海道産。北方系とはいえ、一般的な25℃の水温で問題なく育成ができる

ベニコウホネ

Nuphar japonica f. rubrotincta

スイレン科
園芸品種
光量：□　CO2量：●　底床：▲ ▲

基本種の花が黄色いのに対し、本品種では次第に色付き最後
には赤くなるのが特徴。池などでは割とポピュラーに栽培さ
れている。沈水葉も赤味を帯び、水槽内でこの美しい姿を楽
しむことができる。膜質の柔らかい質感は他の赤系水草では
見られない魅力。育て方は基本種に準じる。明るい緑で囲み、
本種の落ち着いた艶やかさを強調するとよい

アヌビアス・ギガンテア

Anubias gigantea

サトイモ科　／　分布：ギニア、シエラレオネ、リベリア、
コートジボワール、トーゴ
光量：□　CO2量：●　底床：▲ ▲

葉身はほこ形状の浅裂から、ときに3深裂に近くなる。頂裂片
は披針形から狭卵形。側裂片は長さ9～28、幅3～10cm。
ハスティフォリアとよく似た、立派な側裂片を持つ「耳付き」
アヌビアスの大型種。最大83cm。本種の方が2倍ほど根茎が
太くなり、花茎も長く育つ。また、水中栽培は本種の方が向い
ており、野性味あふれたレイアウトを演出することが可能だ

アヌビアス・ギレッティ

Anubias gilletii

サトイモ科　／　分布：ナイジェリア、カメルーン、ガボン、
コンゴ共和国、コンゴ民主共和国
光量：□　CO2量：●　底床：▲ ▲

葉身はやや丸みを帯び、若い葉は心臓形または耳形、しだい
に矢じり形からほこ形になる。頂裂片は狭矩形から矩形、長
さ30cm、幅15cm。側裂片は長さ13cmくらいまで。小さ
い「耳」が付く独特の形でハスティフォリアなどとは雰囲気
が異なる大型種。現地では主に川の縁に自生しているが沈水
の姿も見られ、水槽でも小型化はするものの水中栽培が可能

アヌビアス・ハスティフォリア

Anubias hastifolia

サトイモ科　／　分布：分布　ガーナ、ナイジェリア、
カメルーン、ガボン、コンゴ民主共和国
光量：□　CO2量：●　底床：▲ ▲

立派な側裂片を持つ「耳付き」アヌビアスの代表的な種類。
葉身は3深裂に近いほこ形状から、短い側裂片の心臓形や耳
形と、変異の幅は広い。側裂片は長さ26cm、幅8cmまでと
存在感たっぷり。花柄は8～24cm。葉柄は9～67cm。オー
プンアクアリウムから葉を出させたりと、大型種ならでは
の姿を堪能したい。水中生活も可能だが、生長は非常に遅い

アヌビアス・ヘテロフィラ

Anubias heterophylla

サトイモ科 ／ 分布：カメルーン、赤道ギニア、ガボン、
コンゴ共和国、コンゴ民主共和国、アンゴラ
光量：□　CO₂量●　底床：▲▲

いわゆる「耳」がない大型種。陸生形では60cmを超える。
葉身は狭楕円形から披針形、葉縁は全縁からきつい波状。美
しい葉のシワも本種の特徴のひとつである。葉の基部がほこ
形になることもあるが側裂片はほぼ目立たない。サイズや形
の割に水中生活は得意で水槽向き。水中では陸上ほど大きく
はならない。大型水槽の後景で有茎草と絡めてもよい

クリプトコリネ・アポノゲティフォリア

Cryptocoryne aponogetifolia

サトイモ科
分布：フィリピン
光量：□　CO₂量●　底床：▲▲

100cmにもなる大型種。葉幅は2〜4cm、葉身の凹凸が顕
著で、名前の通りアポノゲトンを彷彿とさせる姿が特徴であ
る。水槽内では半分程のサイズで収まることが多い。大きさ
を抜きにすれば水槽栽培も難しいものではない。硬度の高め
の水質を好む。しっかりと根を張らせるためには、清潔にし
た砂利を5cm以上と、やや厚めに敷いてやるとよく育つ

クリプトコリネ・キリアータ

Cryptocoryne ciliata

サトイモ科
分布：インド〜ニューギニア
光量：□　CO₂量●　底床：▲▲

河川の下流域に生育する大型種。汽水域にも分布し、塩性湿
地の泥に自生していることもある。大きなものでは1mに達
するものまであるが、水槽では50cmほど。葉はやや肉厚で
披針形、鋭頭、明るい緑色。葉幅の狭い基本種の他に、幅広
の変種がフィリピンに産する。寒さに注意すればテラリウム
でも栽培でき、特徴的な花を楽しむことも可能である

クリプトコリネ・コグナータ・
'マハラーシュトラ・レッドタイプ'

Cryptocoryne cognata 'Maharashtra Red'

サトイモ科 ／ 分布：インド
光量：□　CO₂量●　底床：▲▲

葉は広めの披針形で長さ15〜20cm、葉柄は8cm、緑から
赤味を帯びた色合いで、全縁から波状。ランナーを作らない。
浅く流れの速い小川に生え、水中生活は得意。水槽内も同様
で、基本さえしっかり押さえておけば、傷みによる溶け以外
は栽培で苦労しない。光を十分に与えることによって、赤味
が濃く、褐色の縞模様が細かく入り大変美しい

クリプトコリネ・フラッキディフォリア

Cryptocoryne crispatula var. *flaccidifolia*

サトイモ科 ／ 分布：タイ南部
光量：□　CO₂量：●　底床：▲ ▲

沈水葉は長さ 20 〜 50cm、幅 0.5 〜 1.2cm。葉縁は強く
波打ち、バランサエを細くしたイメージだが葉身の凹凸は
ない。葉の中心を縦に貫く中央脈が、細い葉に対しては太
めでよく目立ち、よいアクセントになる。レトロスピラリ
スやクリスパチュラの名称で入荷するファーム物は、ほぼ
本種である。葉幅が狭いので邪魔にならず、細い枝流木と
の相性も抜群だ

クリプトコリネ・バランサエ

Cryptocoryne crispatula var. *balansae*

サトイモ科 ／ 分布：インドシナ半島
光量：□　CO₂量：●　底床：▲ ▲

細葉系クリプトを代表する強健種で、見かける機会も多く初
心者向き。葉身がきつく波打ち、水槽内では 50cm 程まで育
つことがある。明るい環境と豊富な養分を好み、条件を整え
ると美しく育つ。カルシウムが欠乏すると調子を崩すので、
軟水でソイルを使う場合は要注意。自然下でも強い流れの中
で見かける種類で、フィルターからの流れを受ける後景によ
く似合う

クリプトコリネ・バランサエ・'ブラウン'

Cryptocoryne crispatula var. *balansae* 'Brown'

サトイモ科
分布：インドシナ半島
光量：□　CO₂量：●　底床：▲ ▲

濃い茶色の表現を示すバリエーション。葉柄や葉脈が赤く色
付くこともあり観賞価値は高い。基本的な育成はノーマル種に
準じるが、強く発色させるなら、強光を用意し、肥料は底床に
埋め込むタイプのものを施す。シダ、モスを多用した落ち着
いたレイアウトはもちろん、有茎草をメインとした明るい色合
いのレイアウトにアクセントとして取り入れてもおもしろい

クリプトコリネ・ヒュードロイ

Cryptocoryne hudoroi

サトイモ科 ／ 別名：クリプトコリネ・フドロイ
分布：インドネシア・カリマンタン
光量：□　CO₂量：●　底床：▲ ▲

高さ 20 〜 50cm になる水中向きの種類。葉幅は 2 〜 5cm
で狭楕円形、一面に強い凹凸が入るのが特徴。よく似たウス
テリアーナとほぼ同サイズから気持ち小さめくらい。葉裏は
表と同様の緑でやや茶色味を帯びることもある。石灰質の土
壌を好むため、大磯でも育てやすく、また、入荷機会も多い
ため、デコボコ系クリプトのなかでは最も楽しみやすい

クリプトコリネ・スピラリス

Cryptocoryne spiralis

サトイモ科 ／ 分布：インド
光量：□　CO₂量：●　底床：▲ ▲

細葉系の大型種でインド西部に広く分布。50cmに達することもあり、葉縁は緩やかに波打つ。葉色は明るい緑。似たようなバランサエに比べ、すっきりとした印象。もっとレイアウトに利用されてもいい美しい水草である。ワイルド便を皮切りに、インド、ヨーロッパ、日本からと様々な地域バリエーションの栽培ものが入荷。その変異の幅の広さに驚かされる

クリプトコリネ・ウステリアーナ

Cryptocoryne usteriana

サトイモ科 ／ 分布：フィリピン
光量：□　CO₂量：●　底床：▲ ▲

ヒュードロイによく似たデコボコ系クリプトで、葉裏が赤くなるという点で異なる。やや大きく70cm。葉幅も広く最大で8cmになるものも。いくつかのバリエーションが知られており、葉の表が茶色味を帯びるもの、葉裏が赤くならないものも存在する。硬度の高い水質を好み育てるのは容易。ファーム物の流通が多く入手も難しくないので、積極的に活用したい

ラゲナンドラ・オヴァタ

Lagenandra ovata

サトイモ科 ／ 分布：インド、スリランカ
光量：□　CO₂量：●　底床：▲ ▲

自生地では高さ100cmを超える大型の水草だが、水槽内では半分ほどに。それでも水深45cmの水槽は使いたい。葉は狭卵形から披針形、矩形、明るめのきれいな緑色。大きさを別にすれば、育成は容易。葉色が薄くなるようだったら、底床肥料を施す。同属では唯一、インドとスリランカの両方に分布している。テラリウムに使用して変わった花を楽しむのも一興

ラゲナンドラ・'ルビンハイレッド'

Lagenandra 'Rubin Hi Red'

サトイモ科 ／ 分布：インド
光量：□　CO₂量：●　底床：▲ ▲

個性的な深い赤銅色が特徴のラゲナンドラの一種。おそらくトキシカリア種の銅葉タイプと思われる。この色で水槽内でも大型化するものは他にはない。組み合わせ次第で今までにはない新しいレイアウトを可能にする、貴重な材料となってくれることだろう。育成は容易。光を十分に当て、底床肥料を施し、しっかりとした色を引き出してもらいたい

94

ラゲナンドラ・トキシカリア

Lagenandra toxicaria

サトイモ科 ／ 分布：インド
光量：□　CO2量：●　底床：▲ ▲

葉は矩形から卵形、長さ 15 〜 35cm。幅 6 〜 12cm、全体の高さ 70 〜 80cm。水槽内ではやや細身になり、高さ 30 〜 40cm。アヌビアス・グラブラに似た姿になる。水槽栽培に適しており、CO2 の添加がなくても育つほど強健で、育成は容易。サトイモと同じように茎や葉にシュウ酸カルシウムがあるようで、植え込む際に葉や茎の切り口に触れると痛みを伴うので要注意

エキノドルス・デクンベンス

Echinodorus decumbens

オモダカ科 ／ 分布：ブラジル東部
光量：□　CO2量：●　底床：▲ ▲

ウルグアイエンシスとは趣の異なる細葉系エキノドルスで、やや硬く直線的なイメージがワイルド感を強く醸し出す。沈水葉は長さ 10 〜 20cm、幅 0.5 〜 1.5cm で、長い葉柄が付き、高さ 50cm、それ以上になる場合もある。葉を広げず閉じ気味に上へ伸びていくので、高さはあるがサイズの割に邪魔になることがない。比較的高温に強く、中性前後でよく育つ

アマゾンソードプラント 🛡

Echinodorus grisebachii 'Amazonicus'

オモダカ科 ／ 分布：ブラジル・アマゾン
光量：□　CO2量：●　底床：▲ ▲

高さ 30 〜 50cm、水槽では通常 40cm で、葉身が長さ 30cm、幅 1.5 〜 3cm、葉柄 10cm ほど。水深 50 〜 100cm に自生するため弱い照明にも適応。ただしブレヘリーに比べると旺盛に生長するというタイプではないので、特に水上から水中への移行期だけでも照明は強いほうがよい。昔から水草の王様と呼ばれるだけあって、20 枚以上束生すると装飾的で見事である

ブロードリーフ・
アマゾンソードプラント 🛡

Echinodorus grisebachii 'Bleherae'

オモダカ科 ／ 別名：エキノドルス・'ブレヘリー'
分布：不明 ／ 光量：□　CO2量：●　底床：▲ ▲

高さ 60cm 以上になり、葉身は長さ 50cm ほど、幅 4 〜 9cm。3 倍体でアマゾニクスよりも幅広で大型になる強健種。育成はアマゾン同様、CO2 などの特別な設備は必要ない。ポイントは一度植えたら動かさないことと、底床に肥料分を施すこと。水温が低いと栄養吸収が鈍り、底床肥料を施しても葉色が薄いままになってしまう。じっくりと大株に育てあげると見事

エキノドルス・マヨール

Echinodorus major

オモダカ科 ／ 別名：ラッフルソードプラント
分布：ブラジル
光量：☐　CO₂量：●　底床：▲ ▲

明るい緑色の沈水葉は葉縁が大きく波打ち、高さ45〜60cm。
独特の透明感があり硬そうな質感をもつ。基本的に丈夫だが、
アマゾンに比べると生長は遅い。肥料不足になりやすく生長不
良で小型化しがちなため、底床肥料が重要なポイントに。CO₂
の添加も効果を発揮する。古くから流通する一般種だが、貴重
な緑系エキノとして高い人気を維持し続けている

エキノドルス・ウルグアイエンシス

Echinodorus uruguayensis

オモダカ科 ／ 分布：北東アルゼンチン、パラグアイ、
ウルグアイ、南ブラジル
光量：☐　CO₂量：●　底床：▲ ▲

沈水葉の長さ30〜60cm、幅2〜3cm、濃い目の緑。肥料
不足ですぐに薄い緑になるため、肥料は有効。18〜28℃と
温度の許容範囲は広い。細長い葉はあまり横へ広がらず、縦
方向へと展開していくため場所を取りにくい。緑系のエキノ
の中ではかなり高い人気を誇る。最近の分類でホレマニーな
どの複数種が同種にまとめられているが、意見は様々

エキノドルス・ホレマニー

Eleocharis uruguayensis（*Echinodorus horemanii*）

オモダカ科
分布：ブラジル南部
光量：☐　CO₂量：●　底床：▲ ▲

ウルグアイエンシスの葉幅を広くしたような姿で40cmを超
える大型種。独特の透明感を持つ葉色は濃いめのオリーブグ
リーンから黒に近いような赤。深緑系エキノドルスが多種紹
介された後も代表種といえば本種であり、エキノドルスの最
高峰に君臨し続けている。育成自体は難しくはない。大株の
圧倒的な存在感からレイアウトの主役以外は考えられない

ブリクサ・アウベルティ

Blyxa aubertii

トチカガミ科 ／ 別名：マルミスブタ
分布：日本、インド、スリランカ、オーストラリア
光量：☐ ☐　CO₂量：● ●　底床：▲

根生し、葉は披針形、長さ10〜30cm、幅は3〜9mmで、
明るい緑から赤味を帯びることも。種子は紡錘形で両端に尾
状突起はない。よく似たエキノスペルマ種は種子の両端に尾
状突起が付く点で異なる。葉の形態は本種と同じなので、果
実の確認なしに、葉だけで識別することは不可能。どちらも
流通品はほぼ外国産。センターを張れる美しい水草でもある

アナカリス

Egeria densa

トチカガミ科　／　別名：オオカナダモ
分布：南米
光量：□　CO₂量：●　底床：▲ ▲

葉は広線形で、長さ1.5〜4cm、幅2〜4.5mm、葉縁に細鋸歯が付くが目立たない。各節に3〜5輪生、最大8輪生、通常4輪生である。大正から昭和初期に実験植物として輸入されたものが、日本各地に帰化。世界でも広く帰化していて問題になっている。寒さにも強く、強健で育てやすい水草だからこそ屋外への逸出には注意したい。金魚藻としても一般的

クロモ

Hydrilla verticillata

トチカガミ科　／　別名：ヒドリラ・ヴェルティキラータ
分布：旧大陸に広く分布
光量：□　CO₂量：●　底床：▲ ▲

葉は線形から線状披針形で、葉の長さ1〜2cm、幅1〜3mm、最高12輪生するらしいが、各節に3〜8輪生、通常6輪生で、鋸歯が目立つ、以上の点でエロデアとエゲリアとの識別は可能だが、生育状況いかんで紛らわしいことも多い。産地による形態の差も少なくない。日本産、外国産の両方が流通しているので注意。日本産であるにしろ屋外への逸出は避ける

ラガロシフォン・マヨール

Lagarosiphon major

トチカガミ科　／　別名：クロモモドキ
分布：アフリカ南部
光量：□　CO₂量：●　底床：▲ ▲

ヨーロッパでは100年以上前から利用されている伝統的なアクアリウムプランツ。葉は線形で、長さ1.1〜2cm、幅1.5〜3mm。濃い緑色で茎にせん状に付きながら、著しく反り返るのが一番の特徴。環境適応力が高く、水槽に馴化するとたいへん強健。栄養繁殖に優れ、盛んに分枝して増えていく。寒さにも強くメダカなどにも使えるが、屋外への逸出にはくれぐれも注意

ネカマンドラ・アルテルニフォリア

Nechamandra alternifolia

トチカガミ科
分布：インド・バングラデシュ
光量：□□　CO₂量：● ●　底床：▲

葉は線形で、長さ1.5〜6cm、幅2〜6mm、全体の長さは100cmほどになるが、有茎型なのである程度トリミングでコントロールが可能。流通品は透明感のある緑色が多いが、フィールドレポートでは魅力的な赤色も報告されている。高光量と低pH、豊富な栄養分がキーポイントに。育成はブリクサに準じる。節間が長いのでまとめて植えると見映えがよい

ネカマンドラ・アングスティフォリア

Nechamandra alternifolia subsp. *angustifolia*

トチカガミ科 ／ 別名：ブリクサ・ヴィエティ
分布：ミャンマー、中国南部、タイ北部 （ベトナム。
カンボジア、ラオス？）
光量：□□　CO₂量：●●　底床：▲

以前までブリクサ・ヴィエティとされていたが、2014年に
ネカマンドラ・アルテルニフォリアの亜種として記載。葉は
線形で鋭頭、葉の長さ3〜5cm、幅0.7〜2mm、葉縁に細
かい鋸歯が付く。ヴァリスネリア・カウレスケンスのように
ランナーを伸ばし殖える。育成等は基亜種に準じ、特徴であ
る細い葉がレイアウトに適する。流通しているのはベトナム
中部ダナン近郊産

アマゾンオテリア

Ottelia brasiliensis

トチカガミ科
分布：ブラジル、パラグアイ、アルゼンチン
光量：□□　CO₂量：●●　底床：▲

葉は線形、または倒披針形、楕円形、へら形などで、全体で
最大200cmになることもあるが、水槽ではそこまで大きくな
らない。葉色は緑から赤味を帯びた茶色、赤褐色の短い縞模
様が入ることも。南米を代表する栽培難種。高光量、CO₂の
添加、まめな換水、低いpHが有効。現地情報では流れのあ
る場所に自生するという話があり、その点も参考にしたい

アフリカンオテリア

Ottelia ulvifolia

トチカガミ科 ／ 分布：アフリカ、マダガスカル
光量：□□　CO₂量：●●　底床：▲

よく見る細長い形で虎斑の入るものと、オヴァリフォリアに似
た楕円形のタイプがあり、流通するのは前者。葉の長さ30〜
45cm、幅6〜10cm、葉柄が10〜30cmになり、全体の高
さは75cmほどに。明るい緑に赤茶の虎斑模様が入る。流通
する同属のなかでは最も育成が容易。縦方向に伸びていくの
で、レイアウトに使いやすく、大型水槽の後景に人気がある

セキショウモ

Vallisneria asiatica

トチカガミ科 ／ 分布：アジア
光量：□　CO₂量：●　底床：▲▲

葉の長さ10〜80cm、幅0.3〜0.9cm、葉の先端は鋭頭また
は鈍頭。上部の葉縁に鋸歯が付く。走出枝には突起がなくざ
らつかない。最近の研究で、本種とされているものの多くに、
交雑種が混同されているという報告があった。この交雑種は
デンセセルラータ種とスピラリス種の雑種で、海外で交雑した
ものが、何らかの原因で日本に移入、定着したとされている

ネジレモ

Vallisneria asiatica var. *biwaensis*

トチカガミ科 ／ 別名：スクリューヴァリスネリア
分布：日本・近畿地方
光量：☐　CO₂量：●　底床：▲ ▲

セキショウモの変種で、種名の由来になっている琵琶湖と同
水系の河川に自生する日本固有種。長さ 10 〜 60cm、幅 0.5
〜 0.8cm で、葉はらせん状に捻じれる。葉縁が上部から下部
まで全体に鋸歯が目立つのも特徴である。水槽では高さ 20 〜
40cm で後景向き。葉が捻れるのは本種のみの特徴ではなく、
海外の他種にも見られ、水草として数タイプが流通している

ヴァリスネリア・マルモル

Vallisneria australis 'Marmor'

トチカガミ科 ／ 別名：ニュータイガーヴァリスネリア
改良品種
光量：☐　CO₂量：●　底床：▲ ▲

葉の長さ 200cm、幅 3cm にもなるといわれているが、水槽内
ではその半分ほど。葉全体が赤味を帯び、赤褐色の虎斑模様が
びっしりと入る美しい種類。シンガポールのファームで 'Rubra'
タイプのなかから出現したものといわれている。光量が多いほ
ど葉色、模様が濃く入るので、後景向きだがしっかりと照射し
たい。他の虎斑を持つ水草と合わせてもおもしろい

オーストラリアセキショウモ

Vallisneria australis

トチカガミ科 ／ 別名：ジャイアントヴァリスネリア
分布：オーストラリア
光量：☐　CO₂量：●　底床：▲ ▲

2008 年に発表の研究で、V.gigantea は V.nana のシノニムの可
能性が非常に高いとされた。このとき新分類群として立てられ
た V.australis が、「gigantea」として一部流通していることが分
かった。さらに 2016 年の国内の研究でも同様に、流通品の一
部に一致が見られ、同時にオーストラリアセキショウモの和名が
提案された。写真はシンガポール便で入荷するグリーンタイプ

コウガイモ

Vallisneria denseserrulata

トチカガミ科 ／ 分布：日本、中国
光量：☐　CO₂量：●　底床：▲ ▲

同属のなかで唯一、殖芽を形成するという特異な生態を持つ。
葉は長さ 10 〜 60cm、幅 0.5 〜 1.1cm、鋭頭または鈍頭、
葉縁からランナーまで目立つ鋸歯が付く。秋になると越冬モー
ドに入り殖芽を形成し葉を落としてしまうので、季節を感
応させないよう、ライトの照射時間を長くする、水温を上げる、
CO₂ の添加をしっかり行なうなど、事前に対応策を講じてみ
て欲しい

ヴァリスネリア・ナナ・'リトルヤーバクリーク'

Vallisneria nana 'Little Yabba Creek'

トチカガミ科
分布：オーストラリア
光量：□　CO2量：●　底床：▲ ▲

ナナはオーストラリアの各州にまたがって広く分布するため、地域差が見られる。葉の長さや幅も変異に富み、葉色や模様の入り方も様々である。本種はクイーンズランド州の小さな川にあるタイプで、暗緑色の細い葉に濃いスポット模様が入るのが特徴。同地に生息するネオケラトドゥスや、カクレガメの代わりにヘビクビガメ科の仲間と合わせてもおもしろい

ヴァリスネリア・ナナ

Vallisneria nana

トチカガミ科
分布：オーストラリア
光量：□　CO2量：●　底床：▲ ▲

葉幅 0.1 〜 0.25cm と細い葉が特徴。長さは 120 〜 200cm で、水槽内では60 〜 80cm で収まることがほとんど。光量が多いほど丈が低くなる傾向は強い。鋭頭で、葉の先端付近に小さな鋸歯が付く。赤褐色の短い虎斑模様があり、光量が多いと顕著に現れる。育成が容易なうえ、極細の姿がスタイリッシュなため、後景向きバリスのなかでは最も人気の高い種類

ヴァリスネリア・'ルブラ'

Vallisneria natans 'Rubra'

トチカガミ科　／　別名：ヴァリスネリア・スピラリス・レッド　／　改良品種
光量：□　CO2量：●　底床：▲ ▲

ジャイアントバリス系のルブラとは別物で、一般的に販売されているヴァリスネリアのなかでは最も赤くなる。水槽内では緑色の種類でも、自生地の浅く光のよく当たる環境下では濃い赤みを出す種類は少なくないが、本種は水槽内でも普通に赤の発色を見せる。葉先がシャープで葉縁の鋸歯が目立つ。育成の基本は他種に準ずるが、光は強くしたほうがよい

スレンダーヴァリスネリア

Vallisneria 'Slender'

トチカガミ科
分布：不明（日本？）
光量：□　CO2量：●　底床：▲ ▲

よく似たナナとは別系統の極細種。本種には虎斑模様が入らず、ナナのように葉先がだんだんシャープになるのではなく、先端近くになって急に尖る点などで見分けることが可能。ナナが出回る前から国内で流通していた「ミニミニテープ」と同一のものと思われる。これは徳島県原産という情報もあり、大変興味深い。きれいな緑色で清涼感を演出できる

ヴァリスネリア・コントーショニスト

Vallisneria spiralis 'contortionist'

トチカガミ科　／　別名：コークスクリューヴァリスネリア
改良品種
光量：□　CO₂量：●　底床：▲ ▲

葉の長さ 60 〜 70cm、幅 0.3 〜 0.5cm。スクリュータイプの
ヴァリスネリアのひとつ。葉のやわらかさでいえば同属で随一
だろう。さわればすぐにわかるほど特徴的である。そのせいか、
輸送で傷みやすいのが難点に。水槽で馴化したものはノーマ
ル同様簡単に育てられる。葉が細くレイアウトに用いても野
暮ったさが出ない。光量が多いほどねじれは強くなる

ヴァリスネリア・スピラリス 🌿

Vallisneria spiralis

トチカガミ科　／　分布：アフリカ、ヨーロッパ
光量：□　CO₂量：●　底床：▲ ▲

リボン状の線形の葉は、長さ 50 〜 200cm、幅 0.5 〜
1.5cm。水槽内では長さ 50cm 程度。たいへん強健で、底床
材は大磯系、ソイル系のどちらでもよく、水質は硬水、軟水
を選ばない。明るさ、演色性、色温度が低く、水草に有効な
波長も弱い一般的な観賞魚用ライトでも育つ。CO₂ の添加と
施肥も基本的に必要ない。まさに初心者向き水草の代表とい
える

アポノゲトン・ボイヴィニアヌス

Aponogeton boivinianus

レースソウ科　／　分布：マダガスカル
光量：□　CO₂量：●　底床：▲ ▲

塊茎は色、形ともに栗に似たつぶれた球形で、直径
3cm。毛はなく滑らか。葉柄は 13 〜 22cm、葉の長さ
30 〜 60cm、幅 1.5 〜 8cm、葉色は透明感のあるダー
クグリーンで、葉脈に沿った凹凸が特徴。70cm ほど
になる花柄の先に、長さ 20cm ほどの穂状花序を 2 本、
まれに 3 本付ける。花被片は白またはピンク色。現地
では栗に似た味の塊茎を食用にするという

アポノゲトン・カプロニー

Aponogeton capuronii

レースソウ科　／　分布：マダガスカル
光量：□　CO₂量：●　底床：▲ ▲

塊茎は長さ 10cm、直径 2 〜 3cm。葉柄は 7 〜 20cm、
葉の長さは 20 〜 40cm、幅 3 〜 4.5cm、葉色はダーク
グリーンからオリーブグリーンで、葉縁が大きく波打ち、
よじれているように見える。40 〜 60cm になる花柄の
先に、長さ 14cm ほどの穂状花序を 2 本、まれに 3 本
付ける。花被片は白色。植え付け前に、底床が清潔に
なっているよう注意するとよく育つ

アポノゲトン・クリスプス

Aponogeton crispus

レースソウ科 ／ 分布：インド、スリランカ
光量：☐　CO₂量：⬤　底床：▲ ▲

塊茎は長さ 5cm で全体に毛がある。葉柄は 10cm、葉の長さ
は 50cm、幅 4.5cm、葉色はライトグリーンから赤茶色で、葉
縁は細かく縮れる。浮葉は長さ 20cm、幅 5cm。75cm ほど
になる花柄の先に、長さ 13cm ほどの穂状花序を 1 本付ける。
花被片はピンク、薄紫色。CO₂ の添加がなくても水中葉を維
持しやすく、育成が容易でアポノゲトンの入門種として最適

アポノゲトン・クリスプス・'レッド'

Aponogeton crispus 'Red'

レースソウ科 ／ 改良品種
光量：☐　CO₂量：⬤　底床：▲ ▲

クリスプスの中から選別固定されたと思われる、葉が赤味を
帯びるレッドタイプ。デンマークのファームから入荷する人気
種。うまく育てると濃いワインレッドになり、他にはない美し
さを醸し出す。そのためには強光、CO₂ の添加の他、ソイル
系底床材の使用が有効。ボルビティスなど深緑のシダと組み
合わせると、派手さが際立たず、自然なアクセントに使える

アポノゲトン・'ランカ'

Aponogeton 'Lanka'

レースソウ科 ／ 改良品種
光量：☐　CO₂量：⬤　底床：▲ ▲

スリランカ産のクリスプスとヤコブセニーの交雑種。葉の形
や色などに、ヤコブセニーの形質が色濃く表れている。塊茎
は短く、葉柄は 15 〜 50cm、葉の長さ 15 〜 25cm、幅 3
〜 8cm、狭卵形で薄い茶色から赤茶色、葉縁は細かく波打つ。
70cm になる花柄の先に穂状花序を 1 本付ける。花被片は白。
育成自体は難しくないが、光が弱いと葉柄は長くなる

アポノゲトン・ロンギプルムロスス

Aponogeton longiplumulosus

レースソウ科 ／ 分布：マダガスカル
光量：☐　CO₂量：⬤　底床：▲ ▲

塊茎は球形から楕円体で直径 2cm。葉柄は 18cm、葉の長さ 40
〜 60cm、幅 1.5 〜 4cm、葉色はやや濃いグリーンで、カプロ
ニーほどではないが葉縁が大きく波打つ。花柄は長く 150cm ま
で伸びる事があり、その先に長さ 12.5cm の穂状花序を、通常
2 本、まれに 1 または 3、4 本付ける。花被片はピンクから紫で、
まれに白色もある。マダガスカル産の中では育てやすい

マダガスカルレースプラント（粗目タイプ）
fenestralis

Aponogeton madagascariensis 'fenestralis'

レースソウ科
分布：マダガスカル、モーリシャス
光量：□　CO₂量：●　底床：▲ ▲

葉の葉脈を残して穴が開き、網目のレース状になるのが最大
の特徴で、最も有名な水草のひとつ。本種は網目が大きく規
則正しい粗目レースプラントと呼ばれているタイプ。以前は
フェネストラリスやマヨールとされていたが、現在はマダガ
スカリエンシスに統一。どのタイプも頻繁な水換えを好み、
こまめにすると60cm水槽でも葉数の多い見事な株に育つ

マダガスカルレースプラント（細葉タイプ）

Aponogeton madagascariensis

レースソウ科
分布：マダガスカル、モーリシャス
光量：□　CO₂量：●　底床：▲ ▲

葉幅が狭く、網目の小さい細葉レースプラントと呼ばれてい
るタイプ。以前はベルニエリアヌスやグイロッティとされて
いたこともあったが、現在はマダガスカリエンシスに統一さ
れている。現在でも昔の名前で販売されている事があるが、
ファームから出荷される時点で混乱している事もあり、あま
り名前に振り回されず、葉の形を確かめるほうがよい

マダガスカルレースプラント（広葉タイプ）
henkelianus

Aponogeton madagascariensis 'henkelianus'

レースソウ科 ／ 分布：マダガスカル、モーリシャス
光量：□　CO₂量：●　底床：▲ ▲

塊茎は円筒形で長さ10cm、直径2～3cm。葉柄は10～
20cm、葉の長さ60～100cm、幅1.5～18cm、葉色はライト
グリーンから茶緑色で、花柄は長く130cmまで伸びる事があり、
その先に長さ9～20cmの穂状花序を、1～6本付ける。花被
片は白、ピンクから紫色。写真は旧ヘンケリアヌス種として、網
目がイレギュラーで広葉レースプラントと呼ばれているタイプ

アポノゲトン・トフス

Aponogeton tofus

レースソウ科
分布：オーストラリア
光量：□　CO₂量：●　底床：▲ ▲

塊茎は長さ1～3cm、直径1～2cm。葉柄は23～50cm、
葉の長さは23～35cm、幅1.4～2.5cm、線形から楕円形で、
葉縁は平滑またはわずかに波打つ。浮葉は卵形から楕円形で、
長さ11cm、葉色は緑から赤茶を帯び、葉柄は64cmに。29
～107cmの花柄の先に長さ17cmほどの穂状花序を1～2
本付ける。花被片は黄色。緑色の葉は強光で赤味を帯びる

アポノゲトン・ウルヴァケウス

Aponogeton ulvaceus

レースソウ科
分布：マダガスカル
光量：□　CO$_2$量：●　底床：▲ ▲

塊茎は直径 2cm。葉柄は 50cm、葉の長さ 45cm、幅
2 ～ 8cm、葉色はライトグリーンで、葉全体で大きく
波打つ美しい大型種。80cm になる花柄の先に、長さ
15cm ほどの穂状花序を 2 本付ける。花被片は白、黄
色から紫色。交雑しやすい性質を持ち、マダガスカリ
エンシス、ボイヴィニアヌス、クリスプス、ナタンス
などとの雑種が報告されている。育生は容易な部類

アポノゲトン・ウンドゥラータス

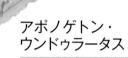

Aponogeton undulatus

レースソウ科
分布：南アジア～東南アジア
光量：□　CO$_2$量：●
底床：▲ ▲

塊茎は卵形から楕円体で 2.5cm。
クリスプスのような毛はなく滑ら
か。葉柄は 35cm、葉の長さ 20
～ 25cm、幅 0.8 ～ 4.2cm、葉
色はダークグリーンで、葉緑はゆ
るく波打つ。55cm になる花柄の
先に、長さ 11.5cm ほどの穂状花
序を 1 本付ける。花被片は白から
ピンク色。本種には不定芽により
幼植物を形成するという特徴があ
り、増殖を楽しむのも容易である

アポノゲトン・スタチオスポルス

Aponogeton undulatus

レースソウ科 ／ 分布：不明
光量：□　CO$_2$量：●
底床：▲ ▲

スタチオスポルスは現在では無
効な学名になっているが、タイ
のファームからこのタイプと思
われるものが入荷する。この一
番の特徴が、葉脈の間に所々
色の抜けたような、窓と呼ばれ
る模様ができるウンドゥラータ
スの性質が顕著というところ。
いかにも水草らしい姿を堪能で
きる美しい種類だ。後景からた
なびかせて光を受ける窓を楽し
みたい

ポタモゲトン・オクタンドルス

Potamogeton octandrus

ヒルムシロ科 ／ 別名：ホソバミズヒキモ
分布：日本、アジア、アフリカ
光量：□　CO$_2$量：●　底床：▲ ▲

透明感のある明るい緑で、線形の葉を長く伸ばし、増殖も容易。後景に
使うには最適な有茎草である。本種は日本にも自生しているが、アクア
リウムで使用されるのは東南アジアのファームから入荷する外国産のも
の。このような事例は他の種類にも多く見られる。屋外への逸出は生態
系への被害を防止するためにもくれぐれも注意したい

ヤナギモ

Potamogeton oxyphyllus

ヒルムシロ科
分布：日本、アジア東部
光量：☐　CO$_2$量：●　底床：▲ ▲

長さ 5 〜 12cm、幅 2 〜 5mm の葉は、センニンモのような
鋸歯がなく全縁、先端は鋭突頭である。北海道から九州まで
広い範囲で見かける機会の非常に多い普通種。ドブ川のよう
な所でも見られるほど強健。流水域にあり、水槽内でも後景
の流れが当たる場所に置くと、柔らかい葉が揺れ、よい雰囲
気に。明るめの緑色は、多くの色と組み合わせやすい

ササバモ

Potamogeton wrightii

ヒルムシロ科
分布：日本、アジア東部、インド、ニューギニア
光量：☐　CO$_2$量：●　底床：▲ ▲

葉身は長楕円状線形から狭披針形で、長さ 5 〜 30cm、幅 1
〜 2.5cm、葉柄も 10cm 以上になることもあるが、水槽内では
そこまで大きく育たない。明るい緑色になる葉は透明感があり、
そこにくっきりと入る葉脈の美しさは、近縁のガシャモクやイ
ンバモに劣らないものがある。節間が広いので、ヴァリスネリ
ア・ナナなど他の後景草とミックスして植えると見映えがよい

クリナム・カラミストラータム

Crinum calamistratum

ヒガンバナ科
別名：クリナム・アクアティカ・ナローリーフ
分布：カメルーン
光量：☐　CO$_2$量：●　底床：▲ ▲

葉長 70 〜 100cm、葉幅 0.2 〜 0.7cm。細長い葉が細かく強
く波打ち特徴的な姿。濃緑色でクリナムらしい艶やかな質感は
見映えがする。生長は遅いが、大株に育てると見事に。底床
肥料を施すと効果的。コケが付かないように換水はまめに行な
うとよい。同じ地域に産するアヌビアスとは見た目も育成環境
も相性が抜群。ダッチアクアリウムでも後景の定番である

クリナム・ナタンス

Crinum natans

ヒガンバナ科 ／ 分布：西アフリカ
光量：☐　CO$_2$量：●　底床：▲ ▲

個性的な姿が目を引く存在。玉ねぎのような塊茎は直径 1 〜
4.5cm、葉長 140cm、葉幅 2 〜 5cm、葉身は通常強く波打
つが、まれにフラットに近いものも。この見た目の差が大き
いため、以前はそれぞれを別種として扱っていたこともある。
葉色は濃い緑。栄養不足で薄くなるので適時底床肥料を追加
する。大型になる水草なので、水深のある水槽で楽しみたい

フロスコパ・スカンデンス

Floscopa scandens

ツユクサ科
分布：東南アジア、南アジア、オーストラリア
光量：☐　CO₂量：●　底床：▲ ▲

沈水葉は披針形で長さ8cm、幅2cm、葉縁が波打つ。表面が緑白色、葉裏はピンクに色付く。枝が直立または斜上する大型の有茎草。葉は互生、目立つ葉鞘があるためか、竹をイメージしやすく、分布域を含め、欧米ではオリエンタルな雰囲気と感じられているようだ。確かにポリゴヌムやポタモゲトンとの相性はよい。似た色合いのロタラ・ワイナードと合わせるのもおすすめ

エイクホルニア・アズレア

Eichhornia azurea

ミズアオイ科
分布：南米（熱帯から亜熱帯のアメリカ大陸）
光量：☐　CO₂量：●　底床：▲

浮遊または沈水植物。浮遊形はホテイアオイに似て、それよりは小さい。花も小さいが15cmになる総状花序に約2倍の50個くらいを付ける。沈水形は、長さ10〜25cm、幅1cmの線形で明るい緑の葉を互生させながら平面的に付ける。南米を代表するアクアリウムプランツで、個性あふれる姿は水草のなかでも特別な存在。一度は育ててみてほしい

エイクホルニア・ディヴェルシフォリア

Eichhornia diversifolia

ミズアオイ科 ／ 分布：中米、南米
光量：☐　CO₂量：●　底床：▲

沈水または浮遊植物。沈水葉は線形で長さ9cm、幅2〜5mm、浮遊葉は長さ2.6cm、幅1.6cm、葉柄が2〜6cmになる。育成はソイル、強光、CO₂の添加は必須。環境が合わないと葉が黒くなり枯れてしまう。逆に環境が合うと生長は早い。沈水葉が水面に達すると浮遊形に変化してしまうので、その前に短くして挿し替える。そのため、水深のある水槽が向いている

ヘテランテラ・ドゥビア

Heteranthera dubia

ミズアオイ科 ／ 別名：ゾステレラ・ドゥビア
分布：アメリカ中部、東部、メキシコ、キューバ
光量：☐　CO₂量：●　底床：▲ ▲

葉は互生して付き、線形、長さ15cm、幅6mmと細長い。一見するとポタモゲトンの仲間のように見えるが、ミズアオイ科の水草で、ゾステリフォリアを思い切り間延びさせたような姿をしている。花被片が青系ではなく黄色というのもおもしろい。比較的寒さに強いので水鉢で開花を楽しむこともできるが、越冬には防寒が必要。水槽ではやはり後景に使うのが定番

マヤカ

Mayaca fluviatilis

マヤカ科 ／ 分布：アメリカ南部、南米
光量：□　CO₂量：●　底床：▲ ▲

初心者向きの丈夫な水草として一般的な強健種。特別な設備
なしでも育つが、弱酸性に、強光、CO₂添加の好環境を揃え
ると、見違えるように美しく育つ。沈水葉の長さ8～12mm、
幅1mm以下。淡い緑色。肥料不足で白くなりやすいが、肥料
を施すとすぐに戻る。鉄分がとくに有効。ルドウィギア・イン
クリナータと合わせると現地風の後景を作ることができる

ラージマヤカ

Mayaca sellowiana

マヤカ科 ／ 分布：南米
光量：□□　CO₂量：●●　底床：▲

マヤカよりも大きく、沈水葉は1.2～2cm。育成条件はマヤ
カのように広くなく、弱酸性、強光、CO₂の添加は必須。水
質の急変で葉が縮れるのを避けるため、pH降下剤を使用す
る際は水槽の数値にしっかり合わせること。条件が合うとや
わらかで大ぶりの葉を展開し、たいへん美しい姿を見せてく
れる。葉色も濃く、群生美は圧巻。主役を張れる水草である

パンタナルドワーフマヤカ

Mayaca sp. 'Pantanal Dwarf'

マヤカ科 ／ 分布：ブラジル
光量：□□　CO₂量：●●　底床：▲

葉の長さは5mmほどで明るい緑色。葉先が下向きにカール
するのが特徴の小型種。頂芽が揃うと見映えがするので、切
り戻しで新芽を出させ、同じ高さに合わせるとよい。同時に
切り戻しで数を増やし、群生させた方が存在感が増し迫力が
出る。生長が早いので、液肥の添加は非常に効果的。ケヤリ
ソウ、トニナ sp. などと相性抜群。お互いを引き立て合う

レッドリーフマヤカ

Mayaca sp. 'Santarem Red'

マヤカ科 ／ 分布：ブラジル
光量：□□　CO₂量：●●　底床：▲

ブラジルのサンタレン産。主脈が赤くなり、全体的に見ると
淡く赤い光が灯っているようにも見える。赤系水草のなかで
も特徴的な配色で、リスノシッポなどとはまったく印象が異
なる。ソイル、強光、CO₂の添加、弱酸性の水質できれいに
育つ。本種に限らずマヤカの仲間全般で、ヤマトヌマエビや
サイアミーズフライングフォックスによる食害に注意が必要

107

シペルス・ヘルフェリー

Cyperus helferi

カヤツリグサ科
別名：キペルス・ヘルフェリー
分布：インド、ミャンマー、タイ、カンボジア、マレーシア
光量：□□　　CO2量：●●　　底床：▲▲

カヤツリグサ科のなかでは珍しく水槽栽培が可能な種類。葉は最大で長さ60cm、幅9mm。明るい緑色。強光、それに見合ったCO2の添加が有効で、底床肥料も施し、積極的に生長を促進させたほうがきれいに育つ。流れがある環境、新鮮な水も好む。水換えをしっかり定期的に行ないたい。91年からタイ南部のものが流通。爽やかな姿は様々なシーンで活躍できる

エレオカリス・モンテヴィデンシス

Eleocharis montevidensis

カヤツリグサ科
別名：サンドスパイクラッシュ
分布：アメリカ
光量：□　　CO2量：●
底床：▲▲

フロリダのファームから入荷。ランナーを出さず、短い根茎を伸ばす点で、トロピカ社のものと異なる。モンテヴィデンシスの標本にはどちらの形態もあり、よく似た種も多く、真偽等詳細は不明。ヴィヴィパラのような幼植物も作らないことから、増えて欲しくないところに配置するのに適している。時間をかけて育てれば増殖は可能。コケがつきやすいので注意したい

エレオカリス sp.（エレオカリス・モンテヴィデンシス）（トロピカ社）

Eleocharis sp.
(*Eleocharis montevidensis?*)

カヤツリグサ科　／　分布：アメリカ
光量：□　　CO2量：●
底床：▲▲

フロリダのファームから入荷するものと異なり、横走する地下茎があり、節から桿を叢生させる。ヘアーグラスを長くしたイメージで、高さは20～40cm。よく似たヴィヴィパラとは桿の先に幼植物を作らないことで区別が可能。幼植物が目立ちすっきりしないという場合にはぴったりの種類。ランナーの処理の仕方など、育成方法はヘアーグラスに準じてよい

エレオカリス・ヴィヴィパラ

Eleocharis vivipara

カヤツリグサ科
分布：アメリカ
光量：□　　CO2量：●
底床：▲▲

背が高くなったヘアーグラスのような姿で、葉（桿）の先から幼植物が出芽する。ランナーは伸ばさず株状だが、この栄養繁殖の仕組みを利用し、幼株を切り取って植え付けることで増殖が可能。後景に並ぶと爽やかな印象になり、前景草と本種のみのシンプルなレイアウトは人気の形。光を遮るので、幼株が殖えすぎないよう、適時切り取るとよい

パープルバンブーグラス

Poaceae sp. 'Purple Bamboo'

イネ科
分布：東南アジア
光量：□□　　CO₂量：●●
底床：▲

水槽栽培が可能なイネ科植物の一種。
水辺に多いイネ科植物は、一時的な冠
水生活に耐性があるものも少なくない
が、本種もそのような種類のひとつ。
水中では紫色に変化し観賞価値は高い。
この手の色になるものはブラックウォー
ターの水中で見られる。貧栄養でも
構わないが、pHは低く抑えた方がよい。
生長が早く間延びしやすいので深い水
槽が適する

ミリオフィラム・
ディコッカム

Myriophyllum dicoccum

アリノトウグサ科
分布：オーストラリア（中国、ベト
ナム、インドネシア、インド、パプ
アニューギニア）
光量：□　　CO₂量：
底床：▲　▲

沈水葉は細裂した羽状葉で全長4cm
と、大きく育つ種類。オーストラリア
のものが紹介されているが、アジアに
も広く分布はある。黄色から茶色味を
帯びた緑色の葉に、茎の赤がよく映え
る。光や栄養分が不足すると白っぽく
色あせしやすい。早めに改善すればす
ぐに立ち直る。基本的には育成は容易。
生長が早く場所も取るので大型水槽の
後景に適している

ミリオフィラム・
ヘテロフィラム

Myriophyllum heterophyllum

アリノトウグサ科
分布：アメリカ東部、中部、カナダ
光量：□　　CO₂量：●
底床：▲　▲

アメリカで一般的にレッドミリオで流通
するのは本種。沈水葉は4〜5輪生で
羽状に細裂し、長さ5cmほどに。自然
下では赤色になることもあるが、水槽で
は褐色がかった渋い緑色。茎は赤くな
り対比が美しい。落ち着いた雰囲気の
大型ミリオである。10mもの深さに自
生するという話もあり、暗い環境には確
かに強い。基本的に丈夫で育成は容易。
液肥が効果的である

ミリオフィラム・ヒプロイデス

Myriophyllum hippuroides

アリノトウグサ科
別名：グリーンミリオ
分布：アメリカ、メキシコ
光量：□　　CO₂量：●　　底床：▲　▲

グリーンミリオの名で流通する種類のなかのひとつ。沈
水葉は4〜6輪生で羽状に細裂し、長さ5cmほどにな
る。葉色は黄緑で、光が強く当たると、やや赤が乗る
場合もある。適温は18〜28℃で、強光、CO₂の添加、
施肥などの条件を整えれば、育成は容易で生長も早く、
水槽内でも長く伸びる。ルドウィギアとの相性がよく、
後景で落ち着いた雰囲気を演出できる

ミリオフィラム・パピロスム
Myriophyllum papillosum

アリノトウグサ科
分布：オーストラリア南東部
光量：☐　CO₂量：●　底床：▲ ▲

シムランスによく似ているが、本種の方が大型になる。沈水葉は4〜6輪生で、長さ2.5〜4.5cm。気中葉に小さく鋭い鋸歯が目立つ点などでも違いが見られる。1mほどの深さも記録されているが、通常は30cmほどの水深で自生しているのが一般的。育成にも明るい環境を好む。育成方法はシムランスに準じる。後景で単体よりも組み合わせで楽しみたい種類

ミリオフィラム・ピンナトゥム
Myriophyllum pinnatum

アリノトウグサ科 ／ 別名：グリーンミリオ
分布：アメリカ東部
光量：☐　CO₂量：●　底床：▲ ▲

複数種存在するグリーンミリオと呼ばれる水草のなかのひとつ。沈水葉は羽状細裂し、長さ4cm、水槽内では2〜3cmに。葉色は濃緑色から黄緑色で、やや濃い緑色であることが多い。茎は赤くなるのが一般的。見る機会の多い一般種だが、育成はやや難しく、水温が高いのは苦手。25℃以上になると調子を崩すので、18〜24℃の間で栽培できるとうまくいく

ミリオフィラム・シムランス
Myriophyllum simulans

アリノトウグサ科
分布：オーストラリア南東部
光量：☐　CO₂量：●　底床：▲ ▲

気中葉と沈水葉の形態が著しく異なる。気中葉は針形の葉を3〜4輪生。沈水葉は羽状に細裂し4〜5輪生、葉の長さは1.8〜2.5cm、鮮緑色に。非常に繊細な葉で一見栽培が難しそうだが、強い光、CO₂の添加、弱酸性の環境を用意すれば容易で、生長も早くなる。そのためか、肥料不足になりやすいので、液体肥料を毎日こまめに施すのも効果的である

レッドミリオフィラム
Myriophyllum tuberculatum

アリノトウグサ科 ／ 分布：インド、パキスタン、インドネシア
光量：☐　CO₂量：●　底床：▲ ▲

日本やヨーロッパで流通するレッドミリオと呼ばれる水草は本種。沈水葉は4〜7輪生で細裂し、全長で2〜2.5cm。葉色は赤。とくに東南アジアのファームから入荷したばかりの深みのある濃い赤色をした姿は、一般種として見慣れた存在だが、ミリオのなかでは特異なものである。育成には光と栄養分が重要。濃い緑との相性がよいので、後景でうまく組み合わせたい

アマニア・クラシカウリス

Ammannia crassicaulis

ミソハギ科 ／ 別名：ジャイアントアマニア
分布：熱帯アフリカ、マダガスカル
光量：☐ CO₂量：● 底床：▲ ▲

グラキリスによく似る大型種だが、葉色は緑から薄いオレンジで濃くならない。ヨーロッパにおいて本種の名で流通する多くのものがグラキリス種である。沈水葉は長さ5〜11cm、幅1〜1.6cm。グラキリスに匹敵するくらいの強健種で、育成方法は同様でまったく構わない。頂芽が潰れるようなこともほとんどなく育て易い。数をまとめて大型水槽の中景から後景に

アマニア・グラキリス

Ammannia gracilis

ミソハギ科 ／ 分布：セネガル、ガンビア
光量：☐ CO₂量：● 底床：▲ ▲

丈夫な大型種で、おおらかな美しさは少ない本数でも見映えがする。沈水葉は長さ4〜12cm、幅0.7〜1.8cm、やや暗めのオレンジ色に。中性前後の水質で強い光とCO₂がなくても、状態のよい水中葉であれば育成が可能。よりきれいに育てるには弱酸性で、強光、CO₂の添加は行ないたい。水換えで硝酸塩値を低く抑えつつ、液体肥料を添加すると赤みが強く乗りやすい

アマニア・セネガレンシス

Ammannia senegalensis

ミソハギ科
分布：熱帯アフリカ
光量：☐ CO₂量：● 底床：▲

グラキリスよりもやや小さく、赤味が強く発色される。ソイルを使い、pHが低くなりすぎないように注意しながら、強光、それに見合った量のCO₂の添加が有効。弱い光では調子を崩し、葉が黒くなり枯れ落ち、うまく育たない原因になるので注意。硝酸塩の値を低く抑えるため換水をしっかりと定期的に行ない、微量栄養素を施すときれいに発色する

ロタラ・'ビックベア'

Rotala 'Big Bear'

ミソハギ科
別名：ロタラ sp.
'シンドゥドゥルグ'
分布：インド
光量：☐
CO₂量：●
底床：▲ ▲

大型になる細葉系ロタラ。茎の赤と明るい黄緑色の葉との対比が楽しめる美種だ。レイアウトに人気のロトンジ系との親和性が高く、後景に据えた際の違和感がないため、ロトンジが締まって見える。色合いも絶妙で、赤系、緑系、どちらの邪魔もしないので使用範囲は広い。育成はマクランドラ種に準じ、やや間延びしやすいので、光がしっかり当たるようにしたい

ロタラ・'コンパクト'

Rotala 'Compact'

ミソハギ科
別名：ロタラ・マクランドラ・'シモガ'
分布：インド
光量：□□　　CO$_2$量：●●
底床：▲

大ぶりに育つイエロー系マクランドラ。葉色は明るいグリーンからイエローで、環境によっては赤味も帯びてくる。やや長く育つ葉も幅が広くないため圧迫感は出ない。大型水槽でまとまった本数が群生していると見事である。切り戻しでもよいが、大きな葉を楽しむためには、こまめに挿し戻し、常に頂点の葉が伸び伸びと元気に育つように心がけるといいだろう

ミズスギナ

Rotala hippuris

ミソハギ科
別名：ロタラ・ヒプリス
分布：日本
光量：□□　　CO$_2$量：●●
底床：▲

沈水葉は線形で、長さ1〜3cm、幅0.3〜0.4mm、茎の1節ごとに5〜12枚の葉を輪生させる。日本固有種とされているが、近年、台湾やベトナム、その他東南アジア各国で、よく似たものが発見されている。屋外では赤く色付くこともあるが、水槽では明るい緑色。トリミングで分枝させ後景で群生させると、グリーンの水草ならではの爽やかな美しさが堪能できる

ロタラ・マクランドラ・'グリーン'

Rotala macrandra 'Green'

ミソハギ科
別名：インド
光量：□　　CO$_2$量：●
底床：▲

ライトグリーンに葉裏のピンクと、大変美しい葉色をしたバリエーション。葉のサイズがやや小さめになるので、レイアウトにも合わせやすい。ノーマルよりは丈夫だが気を抜かないように。育成の基本条件は一緒である。肥料不足になると葉色が薄れやすく、みすぼらしくなるので、液肥は適時施したい。リシアやウォーターローンなど、明るい緑との相性がよい

ロタラ・マクランドラ

Rotala macrandra

ミソハギ科
別名：レッドリーフバコパ
分布：インド
光量：□□　　CO$_2$量：●●　　底床：▲

沈水葉は披針形から卵形で、長さ2〜4cm、幅1.5〜2.5cm、幅広でやわらかい真っ赤な葉を広げる大型の美麗種。弱酸性の軟水を好み、ソイルでよく育つ。その他、CO$_2$の添加や高光量も押さえておきたいところ。とくに赤みを濃くしたければ強い照明は用意したい。また、液肥の添加も効果を発揮する。貝の食害に弱いので、貝が増えすぎているときは注意したい

ロタラ・マクランドラ・'ナローリーフ'
Rotala macrandra 'Narrow'

ミソハギ科
改良品種
光量：□□　　CO₂量：●●　　底床：▲

葉幅の狭いナローリーフタイプ。基本的な育成方法は
ノーマルに準じるが、やや気難しいため、条件はしっか
り整えておきたい。とくに導入直後は気を付ける。換水
時のpH降下剤の使用は効果的。いったん馴染めばノー
マルと変わりなく育てられるようになる。やはり、美し
い深紅を堪能するには高光量がポイント。後景に使え
ば一目置かれるレイアウトができる

ロタラ・'ミニゴールド'
Rotala 'Mini Gold'

ミソハギ科
分布：インド
光量：□□　　CO₂量：●●
底床：▲

小型のイエロー系マクランドラ。小さ
な丸葉を付け、葉先にかけて赤味を帯
びる黄色い表と、淡い紅色の裏との対
比が華やか。同系統のものより、まっ
たく違う形や質感の異なる種類と合わ
せたほうが個性が際立つ。高光量、施
肥、CO₂を行ない、葉先の萎縮を招か
ないよう、急激な水質変化は避ける。
水換え時にpH調整剤を使用するのが
効果的

ロタラ sp. 'ベトナム'
Rotala sp. 'Viet Num'

ミソハギ科
分布：ベトナム
光量：□　　CO₂量：●
底床：▲

ミズスギナタイプの針形葉型ロタラの
ひとつ。葉長は長さ1〜3cm、幅0.3
〜0.4mmで、葉色は黄色からオレン
ジ。よく目立ちアクセントに最適の茎の
赤色が本種一番の魅力。レイアウトの
後景で縦線を強調するのにも重宝する。
育成はリスノシッポに準じるが、本種
の方が芽はつぶれにくい。換水時にpH
降下剤を使用し、常に弱酸性をキープ
するとさらに安心できる

ロタラ・ワリキィ
Rotala wallichii

ミソハギ科／別名：リスノシッポ
分布：インドからマレーシア、中国など
光量：□□　　CO₂量：●●
底床：▲

かわいらしい別名の方が有名。それに
ぴったりの姿で古くからの人気種。沈
水葉を出したての、先だけ赤くなって
いるときが特にかわいい。葉長2.5cm
と針形葉タイプのロタラのなかでは小
型。ソイル、CO₂の添加があれば、き
れいに育てられる。強光と液体タイプ
のこまめな施肥で濃い赤を発色させる
ことが可能。水質の急変は芽をつぶす
原因になるので注意

ルドウィギア・グランドゥローサ

Ludwigia glandulosa

アカバナ科 ／ 別名：レッドルブラ
分布：アメリカ南東部
光量：□□　CO₂量：●●　底床：▲ ▲

強烈な色彩は人を惹き付けるが、育成は容易ではない。光が弱いと葉色がくすんでいき、次第に溶けて枯れてしまう。最も重要なのは強い光を用意することだ。あとは弱酸性をキープするため、ソイルを敷き、水換えに pH 降下剤を使用することで、ハードルはぐんと下がる。もちろん CO₂ は添加。鉄分は必要だが、他の赤系水草のように施肥は重要なポイントではない

ルドウィギア・インクリナータ

Ludwigia inclinata

アカバナ科 ／ 分布：南米
光量：□　CO₂量：●　底床：▲

南米産ルドいえば本種というくらい、アクアリウムプランツとしてはなじみ深い。矩形から狭倒卵形の葉は長さ1～5.5cm、幅 0.3 ～ 1.5cm。明るい赤茶色をした柔らかい沈水葉が流れに揺れるさまは、他種にはない野性的な美しさがある。本種の魅力をより活かすのなら、上から見ることができるような浅い水槽で、パンタナルの水辺を再現するのが一番だろう

ルドウィギア・インクリナータ・'グリーン'

Ludwigia inclinata 'Green'

アカバナ科 ／ 分布：ブラジル
光量：□　CO₂量：●　底床：▲

インクリナータには産地による葉の形、色のバリエーションがいくつか知られているが、そのなかでも最も一般的なのが本種。ブラジルのアラグアイア川水系産で黄緑色の葉が特徴。光がよく当たる水面近くでは、うっすらとオレンジが乗ることも。ノーマルタイプより葉幅が広く、生長も早い。後景に植えるとすぐに水面に達し、横や前へと広がっていく明るいレイアウトが作れる

キューバルドウィギア

Ludwigia inclinata var. *verticillata* 'Cuba'

アカバナ科 ／ 別名：ルドウィギア sp.'キューバ'、キューバピンネイト ／ 分布：キューバ
光量：□　CO₂量：●　底床：▲

ピンネイトのキューバ産の地域変異種で、「宝島」や「ピーターパン」の題材にもなったフベントゥド島が産地。沈水葉がオレンジ色になるのが特徴。レッド、グリーンに比べて最も育成が容易。クセがなくレイアウトにも使いやすい。気中葉が出ないよう、水面に達する前に挿し戻す。短くし過ぎると枯れるので注意。数度繰り返すと、茎の太い大輪に仕上がり美しい

パンタナルレッドピンネイト

Ludwigia inclinata var. *verticillata* 'Pantanal'

アカバナ科 ／ 分布：ブラジル
光量：□□　CO$_2$量：●●　底床：▲

沈水葉は線形で、長さ2〜4cm、幅1〜2.5mm、8〜12輪生。変種ではあるものの、あまりに基本種と見た目が異なり別種と見まごうほど。ただし、気中葉と花を見ると納得。初入荷時は容易ではなかった育成も、現在では条件が揃えば難しくはなくなった。強い光と、それに見合った分のCO$_2$の添加、ソイルに、鉄分と微量栄養素の施肥がポイント。赤い大輪の花のように目を引く

トルネードピンネイト

Ludwigia inclinata var. *verticillata* 'Tornado'

アカバナ科 ／ 別名：ルドウィギア・インクリナータ・トルネード ／ 改良品種
光量：□□　CO$_2$量：●●　底床：▲

沈水葉の1本1本がきつく捻れながら伸びるという特異な姿。インクリナータの変異の幅の広さには舌を巻くばかりだ。キューバルドの増殖品のなかから、変わり葉としてベトナムで発見され、その後シンガポールの大手ファームから世界中へ拡散。トルネードの他カーリーなどとも呼ばれている。育成はノーマルに準じわりと丈夫。少し細目に仕立て、群生させるときれい

キューバルドウィギア 斑入り

Ludwigia inclinata var. *verticillata* 'Variegata'

アカバナ科 ／ 改良品種
光量：□□　CO$_2$量：●●　底床：▲

白に近いような薄い緑で、強光下では淡いピンク色も乗りたいへん美しい。水上でも葉の縁に差す白い斑模様にピンクが差し観賞価値は高い。育成は他のピンネイトに準じる。強い光と、それに見合った分のCO$_2$の添加、ソイルに、鉄分と微量栄養素の施肥がポイント。葉緑素が少ない分、条件に不足がないように注意したい。明るい緑と組み合わせると自然な印象になる

ルドウィギア・パルストリス

Ludwigia palustris

アカバナ科
分布：世界に広く分布
光量：□　CO$_2$量：●　底床：▲ ▲

世界に広く分布するルド。よく似たレペンス種とは、葉柄が長いこと、葉の縁や茎、葉脈が赤く色付くことが多いことからも区別はできるが、育成環境によって大きく変わることもあるので、花を見て花弁を欠いていることを確認するのが確実。育成が容易で初心者向き。バリエーションが豊富で、後景草に選択の幅を広く与えてくれる楽しい種類である

115

レッドルドウィギア

Ludwigia repens

アカバナ科 ／ 別名：ルドウィジア・レペンス、アメリカミズユキノシタ ／ 分布：アメリカ、メキシコ
光量：▢ CO₂量：● 底床：▲ ▲

沈水葉は楕円形で、長さ 2 〜 3.5cm、幅 0.5 〜 1.4cm。葉色はオリーブグリーンから赤。葉の裏も緑からワインレッド。大磯砂で、CO₂なしでも簡単に育つほど、大変強健で初心者向き。赤系水草の入門種としても古くから親しまれている。丈夫な反面、耐寒性があり、繁殖力も旺盛であることから、野生化の危険性が高い。屋外への逸出にはくれぐれも注意したい

ルドウィギア・'ルビン'

Ludwigia 'Rubin'

アカバナ科 ／ 改良品種
光量：▢ CO₂量：● 底床：▲ ▲

ダークレッドに色付く大型種。葉は長さ 5cm、幅 3cm ほどになる。全体的にはレペンスに似ているが、葉先はやや鋭く狭まる。レッドルブラの影響を受けているので、葉が互生になることもしばしば。育成はレッドルブラよりもずっと楽で生長も早い。まさにレペンス感覚で育てられるが、色を濃くするなら、やはり光量は強くしたい。後景、特に端から前や横に伸ばすのが定番

ルドウィギア・セネガレンシス

Ludwigia senegalensis

アカバナ科
別名：ギニアンルド、ルドウィギア sp. ギニア
分布：熱帯アフリカ
光量：▢▢
CO₂量：● ●
底床：▲

ギニア便で入荷。沈水葉は下向きにカールしたり、やや縮れ、長さ 2cm、幅 0.8cm。現地でも沈水生活をメインとしているようなので、水槽栽培は比較的容易。レンガ色の葉に入る葉脈が、独特な美しさを持つ水槽向きのルドだ。肥料食いなので、施肥は欠かせない。強い光も育成のポイント。同じアフリカ大陸を産地とするアヌビアスとの相性は抜群なので合わせてみてほしい

カルダミネ・リラタ

Cardamine lyrata

アブラナ科 ／ 分布：日本、朝鮮、中国、シベリア
光量：▢ CO₂量：● 底床：▲ ▲ ▲

春に清楚な白花を咲かせる湿生植物で、湧水中ではきれいな沈水葉を見ることができる。低温を好むが、流通するのは国内外のファームで栽培されたものなので、水温 25℃前後の水草水槽でも問題なく育成可能。2cm ほどの葉柄に 3cm ほどの円心形の葉を付ける。生長が早く中〜後景向き。少量をアクセントに使っても、まとめて群生美を楽しんでもよい

アルテルナンテラ・レインキー 🍃

Alternanthera reineckii

ヒユ科
分布：南米
光量：□
CO₂量：●
底床：▲ ▲

アルテルナンテラ・'カルディナリス' 🍃

Alternanthera reineckii 'Cardinalis'

ヒユ科
分布：不明（南米）
光量：□　　CO₂量：●　　底床：▲ ▲

赤系水草の入門種的存在。幅広い環境で育成できる強健種。沈水葉は狭披針形で、長さ 7.5cm、幅 1.5cm、やや茶色味を含んだ赤。ソイルであれば CO₂ の添加無しでも、ある程度きれいに育つ。ソイルを敷いた弱酸性に、強光、CO₂ の添加と施肥を用意すれば、ベストな発色を見せてくれる。この仲間全般が、エビの食害に弱いので掃除用生物の選択には注意が必要

レインキーの仲間のなかでは最も大きくなるタイプで、披針形の沈水葉は長さ 10.5cm、幅 3.5cm に。さらに赤味も最も濃く、葉の表と裏の差がないくらい鮮やかな発色を見せる。葉縁もはっきりと波打ち装飾的。水槽内で主役を張れる存在感は十分。基本的な育成方法はレインキーに準じるが、やはりベストな環境を用意した方が、その魅力を堪能できる

アルテルナンテラ・'リラキナ' 🍃

Alternanthera reineckii 'Lilacina'

ヒユ科
分布：不明（南米）
光量：□
CO₂量：●
底床：▲ ▲

バコパ・ラニゲラ

Bacopa lanigera

オオバコ科 ／ 別名：イエローバコパ ／ 分布：ブラジル
光量：□□　　CO₂量：● ●　　底床：▲ ▲

レインキーよりも葉幅が広く大型。沈水葉は披針形で、長さ 7.5 〜 9cm、幅 2.5 〜 3cm。葉の表はくすんだ紅褐色で、葉裏が鮮やかな紅色。葉裏の発色がよいのはレインキーの仲間全般の特徴で、ここを目立たせるため、背を高く生長させ後景に使うというテクニックが古くから知られている。葉に付く糸状のコケなどには、サイアミーズフライングフォックスを使うのが有効

円形に近い広卵形の葉は長さ 2 〜 3.2cm、幅 1.7 〜 2.8cm。鮮やかな黄緑色でイエローバコパの別名も。また葉脈が白く抜けることでバコパ・バリエゲイタスの別名もある。浮力が強いので葉の一部を切り残し錨の役割をさせると抵抗力が生じ浮きにくくなる。育成は比較的難しく、設備面の充実と、十分な栄養分も必要。後景で明るく目を引く存在として活躍できる

117

バコパ・ミリオフィロイデス

Bacopa myriophylloides

オオバコ科 ／ 分布：ブラジル
光量：□　CO₂量：●　底床：▲

まるでミリオフィラムのような風変わりな姿。1cmほどになる
針形葉を10枚前後輪生させ、明るい緑色に。弱酸性の水を好み、
底床はソイルが適している。強光、CO₂の添加も必須。条件を
整えれば育成は難しくない。透け感のある姿なので、エキノド
ルスなどの葉の面積が大きい種類と対比させることにより、独
特な存在感が引き立ち、同時に相手もよく見せることができる

ヒドロトリケ・ホトニフローラ

Hydrotriche hottoniiflora

オオバコ科 ／ 分布：マダガスカル
光量：□　CO₂量：●　底床：▲ ▲

葉は10〜20輪生で、長さ3.5cm、幅1mm程。やや多肉質な
線形で、葉色は赤味を帯びない明るい緑色。マダガスカル島
にだけ分布する風変わりな水草である。きれいな花も魅力のひ
とつだ。CO₂の添加があれば育成は容易。生長も早い。水深
のある水槽で大きく仕上げると見事。原産地が近いアフリカ系
水草で揃えると、レイアウトの雰囲気に一貫性が生まれる

ジャイアントアンブリア

Limnophila aquatica

オオバコ科 ／ 分布：インド、スリランカ
光量：□　CO₂量：●　底床：▲ ▲

沈水葉は17〜22輪生で、羽状に全裂、糸状の裂片に裂け、
全体の長さは2.5〜6cm。緑色で赤味を帯びることも。頂芽
が水面に達する前後で気中葉に変化してしまうため、その前
に挿し戻しを行ない、沈水形をキープする。あまり短く切ら
ないよう注意しながら、こまめにトリミングすることによっ
て茎は太く、葉の直径も10cmを超え、立派な姿を楽しむこ
とができる

リムノフィラ・キネンシス

Limnophila chinensis

オオバコ科 ／ 分布：中国、タイ、インドネシア、
インド、オーストラリアなど
光量：□□　CO₂量：● ●　底床：▲

シソクサタイプの広域分布種で、沈水生活にも適応力があり、
水槽向きの水草である。葉は対生から3〜4輪生し無柄、卵
状披針形で長さ2〜4cm。水槽内では細長く変わることが
多い。葉色は緑一色から赤味を帯びるものまで産地によって
様々。ソイルを使い、強光とCO₂の添加があれば育成は容易。
浮力が強いので、下部の葉を少し残し錨にして植えるとよい

ギニアンレッドアンブリア

Limnophila dasyantha

オオバコ科
分布：ギニア、マリ、ガボン、シエラレオーネなど
光量：□　CO₂量：●　底床：▲ ▲

アフリカ産のアンブリアの仲間で、水上では対生、花冠が黄色なのが大きな特徴。沈水葉の裂片は狭く糸状で、この点が同じギニア産のドワーフアンブリアとは大きく異なる。淡い緑の葉に茎の一部が赤く色付きよいアクセントに。ややクセがあり、ソイルで酸性よりも、大磯で中性に近い水で育成した方が結果はよい。栄養繁殖のほか、実生でも殖えやすい

西洋キクモ

Limnophila heterophylla

オオバコ科
分布：中国、タイ、バングラディシュ、マレーシアなど
光量：□　CO₂量：●　底床：▲ ▲

沈水葉は 8 ～ 14 輪生で、葉の長さ 2.5 ～ 3.0cm。アンブリアに似るが、裂片が細く、茎の毛が目立つなどの他、気中葉が裂開せず矩形で対生から輪生、花の付き方も異なる点など、水上化すれば確実に区別が可能である。育成は CO₂ の添加があれば容易。きれいに育てるポイントはジャイアントアンブリアに準じる。仕立て上げるとレイアウトでもひときわ目立つ

リムノフィラ・インディカ

Limnophila indica

オオバコ科
分布：東南アジア、オーストラリア、アフリカなど
光量：□□　CO₂量：● ●　底床：▲

沈水葉は 6 ～ 20 輪生で、糸状の裂片に裂け、全体の長さ 10 ～ 40mm。現在は日本のコキクモと区別されるようになっている。よく似た姿だが、全体的に大きく、小苞の長さが 2 ～ 4mm あるのが一番の違い。裂片が非常に細く、繊細なのが魅力で、レイアウトのメインを張れる美しさがある。淡い緑色になることが多い。弱酸性で、CO₂ の添加が育成のポイント

リムノフィラ・ルゴーサ

Limnophila rugosa

オオバコ科
分布：日本、台湾、フィリピン、ボルネオなど
光量：□□　CO₂量：● ●　底床：▲

葉は楕円形で長さ 9cm、幅 4cm まで育つ大型種。同属のなかでも一風変わった姿で水草には見えにくい。育成はやや難しく、強光と CO₂ の添加が必須条件。なんとか育っても節間は間延びし、葉もしなやかさを欠く。現地で見た際は、湿地でもより乾いた陸地側に見られ、水槽に使い易そうな印象は少なかった。冬以外は水鉢で楽しむというのもいいだろう

アンブリア

Limnophila sessiliflora

オオバコ科
分布：日本、ベトナム、インドネシア、インドなど
光量：□　CO₂量：●
底床：▲ ▲

沈水葉は糸状の裂片に裂け、全体の長さ15〜40mm、9〜12輪生し、明るい緑色で、光が強い頂芽付近が赤く色付くこともある。大変丈夫で、CO₂の添加をすると逆に育ち過ぎ、見た目が悪くなるほど間延びする。ソイル、大磯のどちらでもよく、強光、施肥の必要もないため、初心者にはもってこいの強健種だ。柔らかく優しい雰囲気で、魚も引き立ててくれる

サンパウロレッドアンブリア

Limnophila sp. 'Sao Paulo'

オオバコ科
分布：ブラジル
光量：□　CO₂量：●
底床：▲ ▲

シソクサ属が分布しないはずの南米に自生していたアンブリアの一種。本種以外にもこのような例はあるのだが、何故サンパウロにあるのか正しいところはわからない。ただし、本種が独特の魅力を持った水草であることは間違いない。頂芽が赤く色付く、これが本種の特徴。濃いめの緑の葉との対比が素晴らしい。pHを低めに抑えることできれいに育てることができる

コキクモ

Limnophila trichophylla

オオバコ科
別名：タイワンキクモ、エナガキクモ
分布：日本、台湾、中国
光量：□□　CO₂量：● ●
底床：▲

以前は同じものとされていたインディカ種とは、萼の基部の小苞がないか1mm以下、果実が有柄で2〜10mm、沈水葉の長さ1.5〜2.5cmという本種の特徴によって区別が可能。水槽内の姿はよく似ているが本種の方が小ぶり。裂片の先が細く繊細な美しさを持つのは同様である。群生美は目を見張るものがある。低いpH値をキープし、換水時に変化させないのがポイント

リンデルニア・ヒソポイデス

Lindernia hyssopoides

アゼナ科
分布：東アジアから南アジアまで広く分布
光量：□□　CO₂量：● ●　底床：▲

Gratiola sp. としてスリランカ便で入荷。葉と茎の透明感のある質感から、そう見えなくもないし、シノニムにグラティオラがあったので、あながちひどい間違いともいい難い。湿地などに生育する花のきれいな植物である。披針形の葉は対生で無柄、長さは5〜15mm、幅4mm。やや間延びしがちなところがあるものの、野趣に富んだ美しい草である

ポゴステモン・デカネンシス

Pogostemon deccanensis

シソ科　／　分布：インド
光量：□□　　CO₂量：●●　　底床：▲

葉は 6 〜 8 輪生、線形から披針形で長さ 5 〜 12mm、幅 1 〜
3mm。水中化するとしなやかに長く伸びる。花色は濃い紫色。
穂状花序の長さはエレクタス種よりも短いものの本種の方が
よく目立つ。強光とそれに見合った CO₂ の添加、ソイルの使
用が有効。長く伸ばし後景で群生させると美しい。細葉の水
草との親和性が高く、ロタラ・ナンセアンとの相性は抜群

オランダプラント・'ダッセン'

Pogostemon sp. 'Dassen'

シソ科　／　改良品種
光量：□□　　CO₂量：●●　　底床：▲

1998 年にオランダのファームから入荷したオランダプラン
トの仲間。クセが少なく育てやすいため、最近レイアウトで
使用されるオランダプラントはほとんどが本種。pH が高くな
り過ぎないように注意すれば大磯系でも育てられるが、急激
な水質の変化で頂芽がつぶれてしまうので、水換え時は注意
したい。細葉のロタラとの相性もよいので後景に重宝する

テンプルプラント

Hygrophila corymbosa

キツネノマゴ科　／　分布：東南アジア
光量：□　　CO₂量：●　　底床：▲ ▲

沈水葉は幅の広い披針形から卵形で、長さ 10cm、幅 5cm ほど。
葉色は緑からやや茶褐色を帯びることも。幅広で存在感たっ
ぷりの大型種。育成には CO₂ の添加が有効。暗くなると下葉
を落としやすくなるので、強い照明も用意したほうがよい。コ
リムボーサ種全般に、鉄分の欠乏から葉色が悪くなる傾向が
ある。微量栄養素の添加は状態を見ながら適時行ないたい

ツーテンプル

Hygrophila corymbosa 'Angustifolia'

キツネノマゴ科　／　分布：東南アジア
光量：□　　CO₂量：●　　底床：▲ ▲

沈水葉は幅の狭い披針形で、長さ 10 〜 15cm、幅 0.5 〜
1.2cm。葉色は明るい緑、葉裏の緑白色も合わせて、爽やか
な印象。育成の基本条件はラージリーフハイグロに準じるが、
CO₂ の添加はある方がきれいになりやすい。テープ状の水草
のように後景のサイドで使用が可能。ロゼットではないので、ト
リミングにより高さのコントロールがしやすいのが利点である

ラージリーフ
ハイグロ

Hygrophila corymbosa 'Stricta'

キツネノマゴ科
分布：東南アジア
光量：□　CO₂量：●
底床：▲ ▲

沈水葉は披針形で、長さ8〜15cm、
幅1.5〜3cm。テンプルプラントより
も葉幅は狭いが、その名の通り大型に
なる種類。生長も早いので大型水槽向
き。照明やCO₂の添加に関して高い要
求はなく、水質面を含め幅広い環境に
対応できる。薄くなった葉色には液肥
が有効。柔らかく明るい緑の葉は、セ
ンターからサイドまで後景を様々にカ
バーすることができる

ニューラージリーフ
ハイグロ

Hygrophila corymbosa
(*H.stricta* from Thailand form)

キツネノマゴ科
別名：タイストリクタ ／ 分布：タイ
光量：□　CO₂量：●
底床：▲ ▲

ラージリーフよりも細い葉と明るい緑
が水槽内でも映える人気種で、タイ産
のバリエーション。葉幅が狭いので細
葉の有茎草とも親和性が高く、場所も
それほど占有しないため大型水槽でな
くても育てられる。レイアウト向きで
下葉が落ちにくいのも人気の理由。肥
料不足で葉色が薄くなりやすいので、
定期的な施肥は心がけたいが、基本的
には非常に丈夫な種類だ

ハイグロフィラ・
リンゲンス ssp.
ロンギフォリウム

Hygrophila ringens
subsp. *longifolium*

キツネノマゴ科 ／ 分布：インド
光量：□　CO₂量：●
底床：▲ ▲

2013年に発表された亜種で、基亜種
よりも葉が細長く、披針形の葉は長
さ9〜17cm、幅0.5〜1cm。高さが
100〜120cmと大型になり花は単生。
同じインドで見られる基亜種に比べる
と違いはあるが、日本のオギノツメに
比べると差異は大きくない。水槽栽培
は難しくなく生長は早め。気中葉に戻
らないようこまめに挿し戻す。沈水葉
は明るい緑色で赤味を帯びる

ハイグロフィラ・ポゴノカリクス

Hygrophila pogonocalyx

キツネノマゴ科
分布：台湾
光量：□　CO₂量：●　底床：▲ ▲

多年生の抽水植物で、高さ80〜150cmになる
大型種。全体に粗い毛が目立つ。葉は楕円形で
長さ5〜15cm、幅2〜4cm。淡い赤紫色の花
冠は大きく、長さ2cm、満開時は見事。渡り鳥
による散布で分布の拡大をしている可能性もあ
り、最近もインド北東部で見付かっている。育
成にはCO₂の添加が有効。特に水中化させる際
は強光とともに必須。後景向きである

ハイグロフィラ・'アップルレッド'

Hygrophila
'Quadrivalvis Apple Red'

キツネノマゴ科
分布：インド
光量：□　CO2量：●
底床：▲ ▲

丸みを帯びた赤色の葉が個性的なハイグロフィラ。インドのファームから入荷。姿形と名前のイメージが一致している好例。赤くなる大型種は他にもあるが、葉の先端が円形というのは独特。大きく育てても圧迫感が出ず、レイアウトでは柔らかい雰囲気を作りだすことができる。倒披針形の葉は、初め赤味が強く次第にオリーブグリーンに変化。流木との相性も抜群だ

メキシカンバーレン 🍃

Shinnersia rivularis

キク科
分布：メキシコ、アメリカ
光量：□　CO2量：●
底床：▲ ▲

大所帯のキク科のなかにあって、数少ない水槽向きの種類。沈水葉は長さ7.5cm、幅3cm、葉縁は丸みを帯びながら浅く裂ける。生長が早い強健種で初心者向きである。強光下のほうが葉幅は広くしっかりと育つ。写真は斑入り種であるホワイトグリーン（White Green）という品種で、白斑が強光でピンクに色付き観賞価値は高い。ノーマル種よりも見る機会が多い

ウォーターマッシュルーム

Hydrocotyle vulgaris

ウコギ科
分布：ヨーロッパ、北西アフリカ、コーカサス、イラン
光量：□　CO2量：●
底床：▲ ▲ ▲

葉柄が最大で70cm、節間が15cm。水槽ではそこまでならないが、コントロールはしにくいサイズ。浮葉を楽しむと割り切ったほうがよいだろう。特定外来種に指定されているブラジルチドメグサを含め、チドメグサ属全般が持つ増殖力の強さから、国内での野生化が危惧されている。生態系への被害を防止するためにも逸出にはくれぐれも注意したい

リラエオプシス・マクロヴィアーナ

Lilaeopsis macloviana

セリ科
分布：アルゼンチン、チリ、ペルー、ボリビア
光量：□□　CO2量：● ●　底床：▲

30cm以上に育つ大型種。葉は中空。浮力が強いのでやや植えにくいことも。本属に特徴的な横方向の溝が、大きさゆえによく目立ち、本種のアクセントにもなっている。育成は他種と同様。栄養豊富な底床に根をしっかりと張ると立派な姿になる。背の低い水槽なら後景で使うことも可能。小型種も含め、前景から後景まで本属だけのレイアウトというのもおもしろい

ケラトプテリス・オブロンギロバ (ラオス産)

Ceratopteris oblongiloba 'Laos'

イノモトソウ科 ／ 別名：ラオススプライト、アメリカン
スプライト・ラオス、ラオスファインリーフスプライト
分布：ラオス
光量：☐　CO₂量：●　底床：▲ ▲

ラオス産のオブロンギロバの地域バリエーション。栄養葉が
胞子葉かと見まごうばかりに、裂片が著しく細く裂ける。小
さな水草、細い水草が好まれる最近のレイアウトの潮流のな
かで、それらの種類と親和性の高い本種は人気があり、後景
で使われているのを見る機会も多い。野暮ったくならないの
は魅力である。高さが出るので水深45cm以上は欲しい

ケラトプテリス・オブロンギロバ (ベトナム産)

Ceratopteris oblongiloba 'Viet Num'

イノモトソウ科 ／ 別名：ベトナムスプライト、アメリ
カンスプライト・ベトナム
分布：カンボジア、インドネシア、フィリピン、タイ他
光量：☐　CO₂量：●　底床：▲ ▲

栄養葉は長さ5〜25cm、胞子葉は10〜40cm。葉柄が葉身
の1/3〜3/4と葉身よりも短くなる。葉は羽状に深裂。アメリ
カンスプライトに比べより深く裂け、裂片は狭く長い。写真は
別名ベトナムスプライトなどとも呼ばれる、ベトナム産のバリ
エーションで、同種のなかでは広く流通しているもの。葉全体
がややねじれるように育つのが特徴で、観賞価値は高い

アメリカンスプライト ▽

Ceratopteris thalictroides

イノモトソウ科 ／ 別名：ミズワラビ
分布：日本（沖縄）、アジア、オセアニア、中米
光量：☐　CO₂量：●　底床：▲ ▲

栄養葉は長さ10〜50cm、胞子葉は15〜80cm。葉柄が葉
身の2/3から5/3と長くなることがあるのが特徴のひとつ。葉
は羽状に深裂。羽片の分岐点に生ずる無性芽が脱落、定着する
と新しい植物体として楽しめる。大きくなりすぎて困る場合は、
この子株に植え替えるとよい。新しい水を好み、液体肥料の添
加も有効。水槽に馴化したものは育成が容易である

ケラトプテリス・'チャイナ'

Ceratopteris thalictroides 'China'

イノモトソウ科
分布：中国
光量：☐　CO₂量：●　底床：▲ ▲

アメリカンスプライトとしては羽片がかなり幅広で、ベトナム
やラオスとはだいぶ雰囲気が異なり、形としてはウォータスプ
ライトに似ている。育成はアメリカンスプライトに準じ、クセ
がなく沈水葉で育て易いのが特徴。大型になり幅も取ることか
ら存在感は強く主張してくる。明るい緑色は同系色の有茎草と
の相性もよく、華やかなレイアウトを作り易い素材である

ミクロソルム、ボルビティス、アヌビアスなどものに着生する水草ばかりを使った
レイアウト。背の高い流木を使えば、高い位置まで水草を配することができる
制作／翁 昇（AQUA World パンタナル）　撮影／石渡俊晴

水辺の水草たち
～フィールドで見付けるレイアウトのヒント～

ポゴステモン・クアドリフォリウスの群生。これを見たら、後景で
使う以外はあり得ない。ラオスのバンビエンにて（撮影／大美賀 隆）

フィールドへ出よう

　ボルネオ島の鬱蒼(うっそう)としたジャングルのなか、クリプトコリネの観察をしながら、細い流れに沿って歩いていた。すると、ふいに明るく開けた水場に出た。道路に面していたが車の往来はなく、鳥のさえずりだけが遠くに聞こえた。疲れた腰を下ろし、水の中に足を浸していると、巻き上げられた砂の中にエサでも見付けたのか、フライングフォックスに似た魚が恐れもせずにすぐ近くまで寄ってきた。

　その水場の奥、ちょうど陽の差している場所に目をやると、流れにゆったりと揺れる、ヘアーグラスを長くしたようなハリィ属の水草の群生が広がっていた。そこにはクリプトコリネもなかったし、アク

あまり知られていないが、川の流れのなか、ポゴステモン・ヘルフェリーも活着して生活している。タイのカンチャナブリにて
（撮影／大美賀 隆）

前日の雨で濁りがあるものの、初めて見た本場琵琶湖のネジレモに大感激（撮影／高城邦之）　特製の道具で自ら採取していただいた山﨑美津夫先生。琵琶湖にて（撮影／高城邦之）

セントになるような赤い水草も見えない。それなのに、他で見たどんなレイアウトよりも美しかった。

それから様々な場所で水草に出会った。海外だけではない、日本国内でも、近所のドブのような川にあるヤナギモでも、そこには何かしら必ず心を惹きつけるものが存在した。自然の美しさとは本当に不思議だ。

御大とのフィールドワーク

琵琶湖で見た固有種のネジレモも忘れられない。アクアリウムプランツとしてはスクリューヴァリスネリアの別名で一般的な種類だが、現地で見る姿はやはり格別で、水槽では気付くことのなかった新たな発見もあった。しかも、水草業界の第一人者、山﨑美津夫先生と2人でのフィールドという、身に余る幸運もあった。

87歳とご高齢の先生自らが採取してくれた水草を観察、レクチャーを受け、先生に貸していただいた長靴で琵琶湖に入り、ネジレモだけではなく、コウガイモ、ササバモ、センニンモと、今まで思い入れのなかった水草が、その日からは特別な水草へと変わっていく経験を得た。そのような思い出や人生の物語と水草が重なることも、フィールドの素晴らしさのひとつだろう。他人には普通種でも、自分にとって特別なものであれば、それでいいのだ。

フィールドで得るもの

フィールドでの水草との出会いは、我々に様々なインスピレーションを与えてくれる。配置や隣り合う種類との組み合わせ方、美しく見えるボリューム感、自然本来の色や形など、レイアウトのヒントばかりではなく、自生する環境から育成方法を知ることもできるし、水草の置かれている環境の現実を知ることもできる。

どんなに素晴らしいレイアウトも、自然の美しさには絶対かなわない、ということを心から実感することができるのは、フィールドを知りレイアウトを作る者だけである。このことは、自然と共に生きることをより自覚していかなければならないこれからの時代において、重要性を増していくことだと感じている。

このまま再現できないかと思うほど、素晴らしい水草の世界。インドのシモガにて（撮影／大美賀 隆）

活着に適した水草 レイアウト例

近年もっとも発展したスタイルで、種類数が飛躍的に増加。それにともなうニューカマーの登場や、バリエーションの豊富さにより、世界的に新たなレイアウトスタイルを生み出し続けている。複数種で華やかな組み合わせを楽しむのもおすすめ

レイアウト制作／馬場美香（H2）　撮影／石渡俊晴

活着する水草を効果的に使ったレイアウト

少数の種類でまとめ、落ち着いた雰囲気を作るのが世界的に主流の活着系だが、複数種を賑やかに配置するのも楽しいことがよくわかる作品。さらに色々活着させてもおもしろい

DATA

水槽サイズ／45×24×30（H）cm
ろ過／エーハイム クラシックフィルター 2213
照明／ソーラーⅡ（36Wツイン蛍光灯×2）（ADA）
底床／アクアソイル アマゾニア、パワーサンドS、メコンサンド（ADA）
CO2／1秒に1滴
添加剤／ブライティK、グリーンブライティSTEP2（ADA）を1日2プッシュ

換水／週に1回1/2
水温／26℃
生物／ゴールデンテトラ、レッドコメットエンドラーズ、Co. アークアトゥス
水草／アヌビアス・ナナ、ミクロソルム（ノーマル、ナロー）、ボルビティス、ウィローモス、オーストラリアンドワーフヒドロコティレ、ニードルリーフルドウィギア、ルドウィギア・ブレヴィペス、ロタラ・マクランドラ・グリーン・ナローリーフ、アマゾンフロッグビット、ブリクサ・ショートリーフ、ヘアーグラス

鮮やかな有茎草で引き立つ　モスの存在感

石の表面が見えなくなるくらいにモスが覆ったことにより、周りの華やかな水草との親和性を高める好結果に。有茎草を多用したような全体として明るい印象に仕上がっている

レイアウト制作／岸下雅光（アクアレビュー）　撮影／石渡俊晴

DATA

水槽／90×45×60（H）cm
ろ過／スーパージェットフィルター ES-1200（ADA）
照明／ソーラー RGB（ADA）×2灯　1日8時間
底床／アクアソイル・アマゾニア、グリーンブライティ
（ニュートラル K、ニトロ、ミネラル、アイアン／ADA）
CO₂／1秒3〜5滴
換水／定期的に 1/3〜1/2

生物／ブラックネオンテトラ、ダイヤモンドテトラ、レッドテトラ、ホワイトフィンロージーテトラ、ヤマトヌマエビ
水草／ロタラ・ナンセアン、ロタラ sp. 'Hra'、ロタラ sp. '福建省'、ロタラ・ワヤナード、グリーンロタラ、ニューラージパールグラス、ショートヘアーグラス、ボーグハイグロ、グロッソスティグマ、スタロウギネ・レペンス、アラグアイアレッドシャープハイグロ、クリプトコリネ・ルーケンス、クリプトコリネ・'ウェンティトロピカ'、ミクロソルム・'ナローリーフ'、ミクロソルム・'スモールリーフ'、ウイローモス

岩肌を這う　ピンナティフィダに注目！

若手注目レイアウターによる迫力ある作品。モスやブセだけでなく、忘れてならないのが活着する有茎草として登場したピンナティフィダの存在。新たな表現を生み出す素材となっている

レイアウト制作／太田 英里華（アクアテイラーズ）　撮影／石渡俊晴

DATA

水槽／90×30×36（H）cm
ろ過／エーハイム 2217
照明／ソーラー RGB（ADA）
　　　1日9時間
底床／アクアソイル・アマゾニア、
　　　パワーサンドスペシャル S
　　　（ADA）
CO₂／1秒1滴
換水／週に2回 1/3

生物／カージナルテトラ、ペルーグラステトラ、アベニーパファー、オトシンクルス、サイアミーズフライングフォックス、ミナミヌマエビ
水草／グロッソスティグマ、パールグラス、アラグアイアレッドシャープハイグロ、クリプトコリネ・'ウェンティグリーン'、ハイグロフィラ・ピンナティフィダ、ルドウィギア・インクリナータ 'キューバ斑入り'、ロタラ sp. 'Hra'、ロタラ sp. 'バングラディシュ'、ギニアンルド、ルドウィギア・スーパーレッド、タイガーロータス 'レッド'

活着 する水草カタログ

流木や石に根を張り付けて生長する水草は、個性的なレイアウトを作るのに大いに役立ってくれる。
活着力の強弱は種類によって様々だが、流水域に自生していることから、流れを当てると調子が上
がったり、こまめな換水を好む傾向にある。この点をポイントにレイアウトしよう

掲載水草59種類：412〜470 / 500種

ウィーピングモス

Vesicularia ferriei

ハイゴケ科
分布：日本、中国
光量：□　CO₂量：●　底床：▲▲

やや立体的な姿を形成し、ふんわりとやわらかく、しだれるよう
に生長するのが特徴で、高い位置の流木に付けて垂らすと効果的。
ジオラマ系レイアウトでは、木を仕立てるのに多用される。高低差
があれば、低い位置の石に付けても見映えがする。育成は南米ウイ
ローモスに準じるが、光は確実に当たるようにしたい。近年一般化
が著しく、見る機会は多い

アヌビアス・ナナ

Anubias barteri var. *nana*

サトイモ科 ／ 分布：カメルーン
光量：□　CO₂量：●　底床：▲ ▲

海外では「生長する模造水草」といわれるほどの強健種で、水草の入門種の筆頭。1970年に栽培が開始されて以降、世界中で親しまれている。強い光やCO₂、肥料の添加のない普通の熱帯魚飼育水槽で育つところが魅力。高さ5〜15cm。ナイロンの糸やビニタイなどで流木や石に固定し活着を楽しむことも容易で、レイアウトにも幅広く活用できる

アヌビアス・ナナ・'ボラン'

Anubias barteri var. *nana* 'Bolang'

サトイモ科 ／ 改良品種
光量：□　CO₂量：●　底床：▲ ▲

ノーマル種の葉幅を狭くしたような姿で、葉身は長さ5〜7cm、幅2.5cm、葉柄は3.5cm。葉身は比較的平滑で、全体的に丸みを帯びた雰囲気。不自然さがなく、現地の水景を再現した水槽でも違和感なく使用できる。原産地が同じ種類と組み合わせると、レイアウトの雰囲気に一貫性が生まれる。石に活着させるのもいいだろう。育成はノーマル種に準じ容易

アヌビアス・ナナ・'パクシン'

Anubias barteri var. *nana* 'Paxing'

サトイモ科 ／ 改良品種
光量：□　CO₂量：●　底床：▲ ▲

葉身は狭楕円形で鋭頭、長さ3〜3.5cm、幅1.4〜1.6cm、葉柄は16〜20mm。葉縁は平滑からわずかに波打ち、上向きに反る。茎は水平方向へ伸ばし、低く広がっていく。小型種のなかでも比較的特徴的な姿をしている。育成方法はノーマル種に準じ、活着能力、強健さも同様。匍匐する性質を利用して前面に植え込んでもよいが、茎を埋めるほどの深植えは禁物

アヌビアス・ナナ・'ボンサイ'

Anubias barteri var. *nana* 'Bonsai'

サトイモ科 ／ 改良品種
光量：□　CO₂量：●　底床：▲ ▲

やや小ぶりなナナのバリエーションで、高さは5cmほど低くなる。葉幅が狭く葉色が濃いので、シャープな印象。小型水槽でもすっきりと使え、定番種にありがちな野暮ったさがなく、レイアウトでも重宝する。強健種であることはノーマルと変わりないが、生長速度は比較的遅い。現在、海外の複数のファームから輸入されているが、オランダのものが代表的

アヌビアス・ナナ・'カメルーン'

Anubias barteri var. *nana* 'Cameroon'

サトイモ科 ／ 分布：カメルーン
光量：□ CO2量：● 底床：▲ ▲

世界中の水草ファームで生産されているが、野生の分布はカメルーンに限られる。葉は狭卵形から卵形、緑から濃い緑色、葉縁はゆるい波状。葉の先端は鋭形で短突起がある。バルテリーの仲間は葉よりも花を高く上げるものが多いのが特徴で、本種も例外ではない。入荷すぐのワイルドものは育成環境を整えることが大切。落ち着けばファーム物同様丈夫

アヌビアス・ナナ・'コインリーフ'

Anubias barteri var. *nana* 'Coin Leaf'

サトイモ科 ／ 改良品種
光量：□ CO2量：● 底床：▲ ▲

中国便から始まり、東南アジア便、ヨーロッパ便と広がりを見せている。名前の通りの丸葉で、バルテリーにナナのかわいらしさを足したような雰囲気。小型水槽でバルテリー代わりに使ってもおもしろい。葉色が濃いせいか、改良品種の不自然さを感じることがなく、レイアウトでも使い勝手はよい。ナナの小型種との相性もよいのでぜひ試してもらいたい

アヌビアス・ナナ・'アイズ'

Anubias barteri var. *nana* 'Eyes'

サトイモ科 ／ 改良品種
光量：□ CO2量：● 底床：▲ ▲

アーモンドアイと呼ばれる、きれいな瞳のような形をしたナナの改良品種。やや厚手で濃い葉色、ノーマル種よりもコンパクトに収まる。非常に端正で、単品でも十分に見栄えがし、群生も美しい。落ち着いた雰囲気のレイアウトによく似合う。同じテイストのアヌビアス・ガボンとの相性がとてもよい。流木や石への活着も問題なく、育成はノーマル種に準じる

アヌビアス・ナナ・'ゴールデン'

Anubias barteri var. *nana* 'Golden'

サトイモ科 ／ 改良品種
光量：□ CO2量：● 底床：▲ ▲

鮮やかなイエローの葉が美しいナナの黄金葉品種。1993年に台湾の水草ファームで生まれた変わり葉を選別して増殖されたものが、2000年からリリースされ世界的なヒット商品に。育成はノーマル種に準じるが、スポット状のコケが付きやすいので、窒素過多、長時間の照明、水の淀みに注意。レイアウトで一番最初に目が行くフォーカルポイントに最適である

アヌビアス・ナナ・'ロングウェービー'

Anubias barteri var. *nana* 'Long Wavy'

サトイモ科 ／ 改良品種
光量：□　CO₂量：●　底床：▲ ▲

葉縁が強く波状になるのが最大の特徴。葉長自体はノーマル種と変わりがないが、葉幅が狭いため長く見える。ウェーブが際立つので、レイアウトの流れを滞らせることなしに、アクセントとしても活用できるのがうれしい。ボルビティスやブケファランドラとの親和性が高く、統一感のあるレイアウトを作ることが可能だ。育成はノーマル種に準じる

アヌビアス・ナナ・'ミルキー'

Anubias barteri var. *nana* 'Milky'

サトイモ科 ／ 改良品種
光量：□　CO₂量：●　底床：▲ ▲

アヌビアス・ナナ・'スターダスト'の増殖途中に出てきた国産のバリエーションで、同系統で白一色の'アルバ'の兄弟に当たる。本品種の方は葉の縁や葉脈などに微かな緑色が残り、葉色自体もわずかだが黄緑色を帯びる。葉緑素の存在により、珍奇でいながら育てやすいという絶妙な優良品種となっている。葉は古くなるにつれ緑色の部分が増えていく

アヌビアス・ナナ・'ミニ'

Anubias barteri var. *nana* 'Mini'

サトイモ科 ／ 改良品種
光量：□　CO₂量：●　底床：▲ ▲

定義が曖昧になってきているが、本来はシンガポールのナナ・'プチ'と、オランダのナナ・'ボンサイ'の中間サイズに当たるものが'ミニ'で、台湾のファームから入荷するものがそれに当たる。この小型3タイプの呼称が他のファームで異なるのが曖昧さの原因。極小ながらも適度な存在感があり活用の範囲は広い。ノーマル種をそのまま小型にした形状も魅力的

アヌビアス・ナナ・'ミニゴールデン'

Anubias barteri var. *nana* 'Mini Golden'

サトイモ科 ／ 改良品種
光量：□　CO₂量：●　底床：▲ ▲

アヌビアス・ナナ・'ゴールデン'の小型種。'ゴールデン'を作出したところとは別の台湾のファームがリリース。葉色の明るさはノーマルに劣るものの、ナチュラルな色合いが幅広いシーンに利用できる。好環境下でも'ゴールデン'のようには大きくならないのも魅力。大きな流木の根本辺りに配置すれば、木漏れ日が当たって明るくなった様子を表現することも可能

133

アヌビアス・ナナ・'プチ'

Anubias barteri var. *nana* 'Petite'

サトイモ科 ／ 別名：プチナナ、アヌビアス・ナナ・'プティット' ／ 改良品種
光量：☐ CO2量：● 底床：▲ ▲

葉長 1 ～ 1.5cm、葉幅 0.5cm のナナの極小品種のひとつで、健康的に生長しても小さいままの人気種。世界各地で生産されるようになってきているが、シンガポールのファームから入荷するものがオリジナルであり、サイズは最も小さい。葉は平滑ですっきりとした印象。流木や石への活着はもちろん、サイズ感を利用し前景草や下草としても活用する事ができる

アヌビアス・ナナ・'ピント'

Anubias barteri var. *nana* 'Pinto'

サトイモ科 ／ 改良品種
光量：☐ CO2量：● 底床：▲ ▲ ▲

ドイツの水草ファームからリリースされている斑入りのナナ。全体に霜降り状の白い斑模様が入り、とくに新しい葉は白一色になることもある優良品種。サイズはノーマルよりやや小さく、生長は遅い。育成には強光、CO2 の添加の他、施肥が有効になる。水草に限らず、流木や石でも濃い色のものと対比させると、本種の美しさがより際立って見える

アヌビアス・ナナ・'スターダスト'

Anubias barteri var. *nana* 'Star Dust'

サトイモ科 ／ 改良品種
光量：☐ CO2量：● 底床：▲ ▲

葉に独特の斑模様の入る小型の改良品種。主脈に流星のような白線が走り、その周りに細かく星屑が散る、名前通りのおしゃれなナナだ。育成はノーマルに準じ、活着も可能。葉長 2cm ほどで小型水槽にも使いやすく、派手すぎないので多彩な組み合わせを楽しめる。また、群生美も見事なので時間をかけて育てる甲斐がある

アヌビアス・ナナ・'ティックリーフ'

Anubias barteri var. *nana* 'Thick Leaf'

サトイモ科 ／ 改良品種
光量：☐ CO2量：● 底床：▲ ▲

葉の厚みが特徴のナナの改良品種。ノーマル種より明らかに肉厚。サイズがコンパクトになっており、生長は遅い。縦幅が縮まって、横幅は広がっているため、葉の面積がぎゅっと縮まって、その際につぶれたようなイメージを受ける。葉色が濃いのでいかにも硬そうな質感。テイストを合わせるか、明色のアクセントにしてもよく、濃い赤ともよく合う

アヌビアス・ナナ・'リンクルリーフ'

Anubias barteri var. *nana* 'Winkled Leaf'

サトイモ科 ／ 改良品種
光量：□　CO₂量：●　底床：▲ ▲

葉に「シワ」がよる独特な見た目の改良品種。サイズはノーマル種より小さく、草丈5～7.5cm、葉長3～5cm。表面に小さな凹凸、よじれ、波打ち、さらに黄緑色の斑模様と、様々な表現を見せるのも特徴。育成に関してはクセがなく、生長はやや遅いものの、基本的にノーマルに準じる。脇役に徹すると主役を引き立てるよい仕事をする。石との相性もよい

アヌビアス・ナナ・'イエローハート'

Anubias barteri var. *nana* 'Yellow Heart'

サトイモ科 ／ 改良品種
光量：□　CO₂量：●　底床：▲ ▲

明るい葉色が特徴の小型種。新しい葉のライムグリーンは鮮やかで目を引きつける。草丈は5cmほど。葉幅が狭いナローリーフ系で、表面のシワが目立たずフラットですっきりとした印象で、重たさを感じさせない。明るい葉色の有茎草との相性もよく、明るい照明のほうが本種もきれいに見える。育成はノーマル種に準じる

ブケファランドラ sp. 'グリーンウェービー'

Bucephalandra sp. 'Green Wavy'

サトイモ科 ／ 分布：ボルネオ（カリマンタン）
光量：□　CO₂量：●　底床：▲ ▲

倒披針形の葉は葉縁が緩く波打ち、鮮やかな緑色。渋い色合いが多い同属のなかでは明るくよく目立つ存在。タイのファームで生産され、最も見る機会の多いブケファランドラのひとつだ。石や流木への活着はもちろん、直接地面へ植え付けることも可能。ただし、深植えには注意。似た色合いのミクロソルムとの親和性が高く、一緒に活着させるのもよい

ブケファランドラ sp. 'グリーンウェービーブロードリーフ'

Bucephalandra sp. 'Green Wavy Broad Leaf'

サトイモ科 ／ 分布：ボルネオ（カリマンタン）
光量：□　CO₂量：●　底床：▲ ▲

おそらくグリーンウェービーとは別種の大型のブケファランドラ。同属の大型種はいくつか知られているが、ファームで生産され流通が多く見られるのは、現状本種のみ。その姿形のわりには育成は容易だが、生長が遅く、水槽の環境に慣れるまではやや注意が必要。CO₂の添加とこまめな換水は有効。小石などに活着させた後、中景に置くと管理しやすい

ブケファランドラ sp. 'クダガン'

Bucephalandra sp. 'Kedagang'

サトイモ科 ／ 分布：ボルネオ（カリマンタン）
光量：□　CO₂量：●　底床：▲ ▲

見かける機会の多いブケファランドラの普及種。生長が比較的早く育成が容易で、石や流木へ活着しやすくレイアウトでの使い勝手もよい。細かく波打つ葉は濃い赤茶色で、ちらりと見える葉柄の赤もアクセントに利いている。渋めのレイアウトに向いており、茶系のクリプトのようなポイントに役立つ。ヨーロッパでも本種らしき種類が出回っているようだ

ブケファランドラ sp. 'レッド'

Bucephalandra sp. 'Red'

サトイモ科 ／ 分布：ボルネオ（カリマンタン）
光量：□　CO₂量：●　底床：▲ ▲

倒披針形の葉は長さ4～6cm、幅2～4cm。葉縁の波打ちは気中葉よりも沈水葉のほうが顕著。葉色は濃い緑色から赤。茎の赤色も水槽内ではよく映える。活着をさせても、地植えでも育てられるが、茎を傷めないように要注意。特に底床に深く植えすぎると腐敗してしまうため、根があればそれを使って軽く挿す程度で十分である

ブケファランドラ sp. 'ティア'

Bucephalandra sp. 'Theia'

サトイモ科 ／ 分布：ボルネオ（カリマンタン）
光量：□　CO₂量：●　底床：▲ ▲

倒披針形から倒卵形の葉は、光量に応じて赤から濃緑に変化。発色をよくさせるなら、コケが付かないように注意したうえで、照明は強くした方がきれいに育つ。流木へ活着させライトとの距離が近い時は、エビなどの力を借りてコケの発生は抑えたい。地植えも可能。ただし、周りの草に覆われそうなときは、小石に付けてかさ上げすると健康的に保てる

ブケファランドラ sp. 'ビブリス'

Bucephalandra sp. 'Biblis'

サトイモ科 ／ 分布：ボルネオ（カリマンタン）
光量：□　CO₂量：●　底床：▲ ▲

倒披針形の葉は緩く波打ち、出始めの葉は薄い茶色で、次第に濃い緑に変わっていき、時には濃い赤茶色を呈する。生長が遅いためコケが付きやすいので、水質管理はしっかり行ない、こまめな換水を心掛けたい。地植えよりは活着させるのに向く。茎を傷めないように、ビニタイなどでぐらつかない程度に固定すると、新しい根を伸ばし固着する

スキスマトグロティス・ロセオスパタ

Schismatoglottis roseospatha

サトイモ科 ／ 分布：ボルネオ
光量：□　CO$_2$量：●　底床：▲ ▲

葉は狭楕円形で、長さ9〜22cm、幅1.5〜4.5cm、全体の高さ30cm。葉柄は24cmまで伸びるが水中では3分の1以下に。水中育成が容易で、石などへの活着も可能。基質との隙間を空けないようにビニタイ等で固定するとよいが、根茎を傷めないよう注意。シダ、モス、ブケファランドラと組み合わせても自然感が出てよいが、本種だけの群生を作っても見応えがある

ウォーターフェザー

Fissidens fontanus

ホウオウゴケ科 ／ 分布：北米
光量：□ □　CO$_2$量：● ●　底床：▲ ▲

美しい緑色と繊細な姿の葉が魅力的なホウオウゴケの仲間。流木などに付けられたものの他、国内で増殖されたものがバラで流通。以前に比べて楽に育てられるようになっている。育成の基本は南米モスと同様。比較的低水温を好むため、夏の高温時にはクーラーやファンの使用が効果的。CO$_2$の添加量と、換水量を多めにするだけでも調子はよくなる

ウイローモス

Taxiphyllum barbieri

ハイゴケ科 ／ 分布：アジア
光量：□　CO$_2$量：●　底床：▲ ▲

水槽で育成できる水生のコケ植物の中では、最も丈夫。特別な設備がなくても育つことから、魚の産卵床としても使用でき、メダカ飼育者からの人気も高い。レイアウトでは流木や石などに固着（活着）する性質を利用できる。重ならないように基質に薄く張り付け、木綿糸やテグスで浮かないように巻き付けると、1ヵ月ほどで新葉が揃い始め見映えがしてくる

フレイムモス（キャラハゴケの一種）

Taxiphyllum sp.

ハイゴケ科 ／ 分布：不明
光量：□　CO$_2$量：●　底床：▲ ▲

フレイムは「Flame」で炎のこと。まさに燃え盛る炎のように、上方に立ち上がるように伸びていく。扁平になる種類が多いなか、この特徴的な姿をレイアウトに活用しない手はない。流木や石に巻き付けてモサモサにするのが定番だが、ヨーロッパのレイアウターのように針葉樹に見立てて作るのもおもしろい。固定にはテグスなど溶けない素材を使うとよい

スパイキーモス

Taxiphyllum sp.

ハイゴケ科
分布：不明
光量：□　CO2量：●　底床：▲ ▲

南米ウイローモスよりも大きく、鋭い角度の先細りになった三角形に育つ。状態よく仕上げると大型のシダ植物のような迫力が出る。枝葉の付き方が粗いため、やや厚めに育てたほうがきれい。ただし、厚くなり過ぎるとはがれてしまうのは他種と同様。生長が早いので、早め早めに対処したい。やや暗めの環境にも適応力はあるので、有茎草の陰などにも使い易い

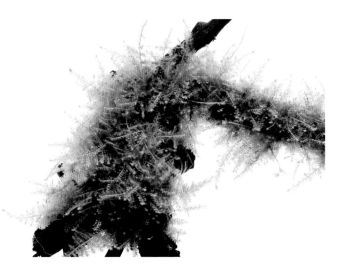

南米ウイローモス

Vesicularia dubyana

ハイゴケ科
別名：南米モス、クリスマスモス（トロピカ）
分布：熱帯アジア
光量：□　CO2量：●　底床：▲ ▲

状態よく育てると、きれいな三角形に広がりながら、重なって育っていく。水生コケ植物のなかでもトップクラスの美しさを誇る。強光とそれに見合ったCO2の添加が有効。週に1回、3分の1の換水という基本も守りたい。最初はできるだけ薄く巻き付け、厚みが出るほど濃く育つと下から枯れ上がるので、適時抜き取り、光と水の通りがよくなるように心がける

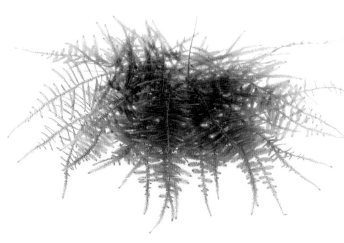

クリスマスモス

Vesicularia montagnei

ハイゴケ科
分布：熱帯アジア
光量：□　CO2量：●　底床：▲ ▲

葉は広卵形。葉先が短い凸頭で、南米ウイローモスやウィーピングモスとは異なる鋭く硬い印象。全体にクリスマスツリーのような面長の三角形になる。水槽内で照明を受けたときに白っぽく反射する姿が、かさかさと乾いているように見える点でも、その印象を強くしている。明るい色の有茎から、暗い色のシダ系まで、他の水草の魅力を引き立ててくれる

リバーモス

Fontinalis hypnoides

カワゴケ科
別名：カワゴケ
分布：北半球に広く分布
光量：□　CO₂量：●　底床：▲ ▲

日本にもあるが海外から流通するものが水温の面でも育て易い。葉はきれいな緑色で、平坦で折り畳まれておらず、柔らかいのが特徴。流れを好むので、フィルターからの出水をうまく利用したい。別途水中ポンプを付けるのもよい。明るい環境を好むので、モスだからといって照明を弱くしないこと。活着力は弱いのでテグスなどで巻き付けて使う

ディスティコフィルム・マイバラエ

Distichophyllum maibarae

アブラゴケ科
分布：中国、東南アジア、インド
光量：□　CO₂量：●　底床：▲ ▲

茎は2cmほどで、斜上しまばらに分枝。葉は密でやや扁平に付き、葉先は広く尖る。水中では茎は長く伸び、葉も広がって付くことから、まるで小さな有茎草のように見える。自然下では湿った岩上に群生する。そのせいか石との親和性が高くよく似合う。活着力は強くないので、固定する際はテグスかステンレスのネットを使用する。CO₂の添加は効果的

ストリンギーモス

Amblystegium riparium

ヤナギゴケ科
別名：ヤナギゴケ、バブルモス
分布：世界に広く分布
光量：□　CO₂量：●　底床：▲ ▲

世界中で見られる広域分布種で、日本でも水路の壁面にびっしりと固着している姿をよく見かける。茎は細く、葉は披針形で先端が細長く尖り、全体としてシャープな印象を受ける。止水域にも自生するが、流水中のほうが美しい。水槽でも流れを用意し、高温には注意しよう。テープ状の水草との親和性は高く、光合成で発する気泡も本種の魅力といえる

カメルーンハネゴケ

Plagiochila sp.

ハネゴケ科
分布：カメルーン
光量：□　CO₂量：●　底床：▲ ▲

茎は斜上し、卵形から矩形の緑褐色の葉を瓦状に付ける。活着性があり、流木や石に巻き付けて楽しめる。原産地が同じアヌビアスやボルビティスとの組み合わせが定番だが、ミクロソルムやブケファランドラとの相性も非常によい。長く伸ばし垂れ下げるのもおすすめ。生長が早くないのでコケが付かないよう、水質管理やエビの投入などで予防を心掛けたい

ホソバミズゼニゴケ

Apopellia endiviifolia

ミズゼニゴケ科　／　別名：ムラサキミズゼニゴケ
分布：日本、北半球
光量：□　CO₂量：●　底床：▲ ▲

水辺だけでなく、社寺や公園、人家の庭において建物の北側の湿った裸地に生育していることが多い。葉状体が紅紫色を帯びることがあるため、別名ムラサキミズゼニゴケとも呼ばれる。アクアリウムでは比較的古くから利用され、水中では通常緑色で、薄く透明感があり美しい。ばらけないようネットに入れたりテグスで密に巻いて使用。CO₂の添加は有効

リカルディア・グラエフェイ
（ナンヨウテングサゴケ）

Riccardia graeffei

スジゴケ科　／　別名：コーラルモス、プレミアムモス
分布：熱帯アジア、オーストラリア、太平洋諸島
光量：□　CO₂量：●　底床：▲ ▲

水槽で育成するコケ植物は南米モスのような蘚類が多く、苔類は多くない。その数少ない苔類のひとつで、現在世界的に広がったアクアリウムモスの、流行の先駆けとなった存在のひとつでもある。育成は容易で活着も簡単。流木だけでなく石にもよく似合う。重なるように増えていくので、適時剥がしていかないと下が腐り、ぽろっと外れるので注意

モノソレニウム・テネルム

Monosolenium tenerum

ヤワラゼニゴケ科　／　別名：ヤワラゼニゴケ
分布：日本、東アジア、ヒマラヤ、ジャワ、インド、ハワイ
光量：□　CO₂量：●　底床：▲ ▲

深緑色の半透明の葉状体が水中で目を引く。育成は基本的に容易で、水温、水質、光の適応幅は広い。ただし、きれいに育てるのには、CO₂の添加、窒素分の供給を含め、よい条件を用意したほうが有利に。ばらばらにならないようネットに入れたりテグスで密に巻いて使用する。すぐにこんもりと厚みが出るため、石などに付けて中景に利用されることが多い

リシア

Riccia fluitans

ウキゴケ科 ／ 別名：ウキウキゴケ、カヅノゴケ
分布：世界に広く分布
光量：□□　CO₂量：●●　底床：▲▲

コケ植物の一種。田んぼの緑などでは陸生形も見られるもの
の、本来は浮遊植物として生活している。水槽内では浮かび
上がらないように、ネットなどに入れ沈めて育成する。以前
は前景の定番だったが、最近見る機会が減っているのは残念。
光合成の際に出す酸素の気泡の美しさは植物、ひいては自然
の素晴らしさを実感できるなど、リシアの存在意義は大きい

ジャワファン

Bolbitis heteroclita

オシダ科
分布：日本、中国、インドからニューギニア
光量：□□　CO₂量：●●　底床：▲▲

根茎は長く横走し、葉身は単羽状で、長さ20cm前後の葉
柄の先に、長さ25cm以上になることもある頂羽片と、長さ
10cmほどの側羽片を付ける。側羽片は5対以下で、通常流
通するのは1対のものが多い。頂羽片に付く無性芽によって
増殖は容易。生長は非常に遅いものの透明感のある美しい沈
水葉を見せてくれる。新しい水と流れを好む。低pHには注意

ジャワファン・'クスピダータ'

Bolbitis heteroclita 'cuspidata'

オシダ科
別名：ボルビティス・ヘテロクリタ・'クスピダータ'
分布：フィリピン（ルソン島）
光量：□□　CO₂量：●●　底床：▲▲

ジャワファンの矮性のバリエーションのひとつで、水槽内では
高さ10cmほど。「ベビーリーフ」よりは大きいとはいえ小型
である。パルダリウムはもちろん、水中での育成も可能。同グ
ループの3種のなかでは最も水中向きである。新鮮な水を好む
ので換水を怠らず、CO₂の添加も忘れずに実践したい。同属
のヒュディロティとは違う趣があり、小型水槽にも使い易い

ボルビティス・'ベビーリーフ'

Bolbitis heteroclita 'difformis'

オシダ科 ／ 別名：ミニボルビティス
分布：フィリピン（ネグロス島）
光量：□□　CO₂量：●●　底床：▲▲

一般的な通称名の他、ミニボルビティスなどとも呼ばれる
矮性のバリエーション。水槽内では5〜7cmほどと小型。
difformisはラテン語の「形の変わった」の意で、ジャワファ
ンと同種とはとても思えない形態をしており、以前は別種と
されていたほど。育成は基本種に準ずるが、水槽での育成は
簡単ではない。パルダリウムなどでは、その風変わりな姿を
容易に楽しめる

ボルビティス・ヒュディロティ

Bolbitis heudelotii

オシダ科
分布：アフリカ
光量：☐　CO₂量：●　底床：▲ ▲

アフリカを代表する水生のシダ植物。透明感のある深緑色の葉が美しい人気種。流木や石などに活着させることができ、レイアウトには欠かせない存在になっている。根茎を傷めないように流木や石に固定すると、数週間で根を張り付ける。新鮮な水、CO₂の添加、適度な流れが有効。同じ産地のアヌビアスとの相性が抜群。ぜひ組み合わせて楽しんでほしい

ミクロソルム・プテロプス　

Microsorum pteropus

ウラボシ科 ／ 別名：ミクロソリウム、ミツデヘラシダ
分布：日本、アジアの暖地
光量：☐　CO₂量：●　底床：▲ ▲

葉は和名ミツデヘラシダの由来になっている3出葉、またはアクアリウムで一般的に見る単葉。長さ30cm、幅5cmほどになるが、日本の八重山列島に産するものは小型である等、産地によってサイズの他、形も多様である。暗い環境への耐性が高く、設備面のハードルは低い。根茎を傷めないようにビニタイなどで流木や石に固定すると容易に着生させられる

ミクロソルム・'サンライズ'

Microsorum pteropus 'APC Sunrise'

ウラボシ科 ／ 分布：インドネシア
光量：☐　CO₂量：●　底床：▲ ▲

幅広の中央裂片の葉縁に細長く鋭い裂片が多数あり、まれに深い切れ込みが入っていることもある派手な印象の大型種。海外の熱帯地域に自生する植物とはいえ、鬱蒼とした森林の、ほの暗い渓流沿いで水しぶきを浴びながら生活するミクロソルムの仲間は、暑さへの耐性が低く、水温が27℃以上にならないような工夫が必要。冷却の他、こまめな水換えも効果的

ミクロソルム・'ブロードリーフ'

Microsorum pteropus 'Broad Leaf'

ウラボシ科 ／ 分布：東南アジア
光量：☐　CO₂量：●　底床：▲ ▲

高さ20〜50cmに育つ幅広の大型種。葉が薄く柔らかいのも特徴のひとつ。水槽生活も得意でシダ病にかかり難い強健種。ミクロソルムは流木や石に活着させるのが一般的だが、本種のような大型種は直接地面へ植え付けることも可能。ただし、葉や根が混み合うと水の通りが悪くなり、シダ病を招いてしまうため、早めにカットしてしまうとよい

ミクロソルム・'フォークリーフ'

Microsorum pteropus 'Fork Leaf'

ウラボシ科 ／ 分布：台湾？
光量：☐　CO₂量：●　底床：▲ ▲

その名の通りフォークのような、葉幅の狭い側裂片を多数付ける中型種。光が強すぎると、この側裂片が幅広になり特徴が薄くなる。CO₂の添加なしでも枯れることはないが、やはりあったほうが状態はよくなる。特に光量を強くしている場合は、CO₂の添加がコケ発生の予防にもつながる。生長がよく病気にも強い育成しやすいバリエーションのひとつだ

ミクロソルム・'フレイミング'

Microsorum pteropus 'Flaming'

ウラボシ科 ／ 分布：東南アジア
光量：☐　CO₂量：●　底床：▲ ▲

葉の長さ10cm、幅1cmほどの小型種。葉全体が波打つことで、炎の揺らめきのように見えるのが最大の特徴。名前の由来が同様のフレイムモスや、エキノドルス・レッドフレイムなどと組み合わせてもおもしろい。小さなわりにボリューム感が出るので、小型水槽に使っても、迫力のある姿を楽しむことができる。見た目以上に丈夫で育て易い種類だ

ミクロソルム・'ナローミニ'

Microsorum pteropus 'Narrow Mini'

ウラボシ科 ／ 分布：東南アジア
光量：☐　CO₂量：●　底床：▲ ▲

その名の通りの細葉の小型種。葉縁はゆるく波打ち、葉身も少しウェーブがかかる。流木に付けても石に付けても美しい。他のミクロソルムと組み合わせ、大小のサイズを使い分け遠近感を演出してもおもしろい。メタハラを使用すると、細葉系は葉が硬くなり、短くなる傾向がある。LEDではそのような現象は見られないため、照明器具を使い分けてもよい

ミクロソルム・プテロプス・'プティット'

Microsorum pteropus 'Petite'

ウラボシ科 ／ 改良品種
光量：☐　CO₂量：●　底床：▲ ▲

葉幅が狭く、ノーマルの半分ほどのサイズの小型品種。葉の表面の凹凸が目立ち、葉縁が波打つ個性的な姿をしている。ドイツのファームで、より小型のものを選別し、組織培養で増殖されたものから生産されたという。葉身がゆるく捻れるように育つので、フレイムモスと組み合わせてもおもしろい。コレクションよりも実際のレイアウトに活用しやすい

ミクロソルム・'フィリピン'

Microsorum pteropus 'Philippine'

ウラボシ科 ／ 分布：フィリピン
光量：☐ CO₂量：● 底床：▲ ▲

葉身に入る葉脈が規則正しく並ぶ網状脈となるのが特徴の中型種。シダ病にかかりにくく育て易い。しかし生長が遅く、じっくり育っていくミクロソルムの仲間は、時間の経過した水槽環境を好むヒゲゴケが付きやすくなるのが難点。ヤマトヌマエビやサイアミーズフライングフォックスを同居させておくだけで、ずいぶんと予防効果を発揮してくれる

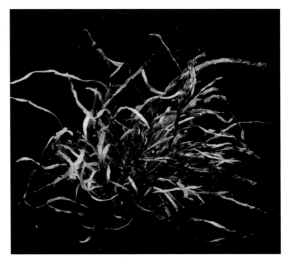

ミクロソルム・'本ナロー'

Microsorum pteropus 'Real Narrow'

ウラボシ科 ／ 分布：タイ
光量：☐ CO₂量：● 底床：▲ ▲

葉幅の狭いバリエーションのなかでは代表的な存在。葉身が波打ち、濃い緑色になるところも本種の魅力のひとつ。主役として単体でも目を引くが、引き立て役としても一級品。細かい葉の有茎草と合わせるときには、ノーマルよりもナロー系の方が断然合わせやすい。セミナロー、ナローナローなど様々なバラエティがあり、用途によって使い分けもできる

ミクロソルム・'スモールリーフ'

Microsorum pteropus 'Small Leaf'

ウラボシ科 ／ 分布：タイ
光量：☐ CO₂量：● 底床：▲ ▲

小型種のなかでは古くから流通しポピュラーなバリエーション。そのサイズから様々な場所で利用可能で、小型から大型まで幅広い水槽に用いられる。珍しさだけでなく、使い勝手のよさからも人気は高い。27℃を超えるとシダ病のリスクが高まるため、暑さの厳しい夏の数ヵ月間だけでも、水槽用のファンやクーラー、エアコンで水温の調節をしたい

ミクロソルム・'ソードリーフ'

Microsorum pteropus 'Sword Leaf'

ウラボシ科 ／ 分布：東南アジア
光量：☐ CO₂量：● 底床：▲ ▲

ノーマルタイプのなかでは葉幅が狭くシャープな印象。緑色の葉で直立ぎみに育つ、高さ20〜30cmになる中〜大型種。育成は容易。ミクロソルムはもともと葉を密に付ける性質があるので、混み合い過ぎないように注意。混み合ってくると水の通りが悪くなり、シダ病になりやすくなる。古い葉から取り除くようにし、水が淀まないようにしたい

ミクロソルム・'トールズハンマー'

Microsorum pteropus 'Thors Hammer'

ウラボシ科 ／ 分布：不明
光量：□　CO₂量：●　底床：▲ ▲

北欧神話の神トールが持つ雷鎚の名を冠せられた品種。同じ
ように先端に特徴が出るウィンディロブよりも先端は細くなら
ずに幅広。枝分かれも葉先だけではなく、ギガンティアによく
似た姿であり、名前通りの力強いイメージが印象的。存在感
があるので、溶岩石などに付け、低い位置でポイントに使う
のもよい。デリケートなところはなく基本通りでよく育つ

ミクロソルム・'ウィンディロブ'

Microsorum pteropus 'Windelov'

ウラボシ科 ／ 分布：タイ
光量：□　CO₂量：●　底床：▲ ▲

中央裂片の先端が細かく裂けて、いわゆる獅子葉になる種類。
シダ植物には多く見られる奇形葉である。高さ10〜20cm
になる細身の中型種で扱いやすい。同属の仲間は陰性植物と
して、暗い環境でよく育つと思われがちだが、実際のところ
水槽内でよく育つのは、明るい環境下においてであり、一般
的な有茎草がきれいに育つ光量と同等のものを用意したい

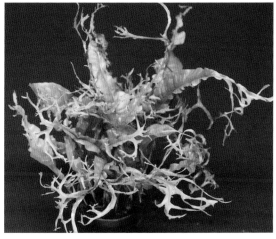

ミクロソルム・'ウィンディロブ・クレイジーリーフ'

Microsorum pteropus 'Windelov Crazy Leaf'

ウラボシ科 ／ 分布：不明
光量：□　CO₂量：●　底床：▲ ▲

ウィンディロブと同じ獅子葉品種。ウィンディロブよりも裂け
る数は少ないが長く伸びるのが特徴で、すっきりとした印象を
受ける。ナロー系としても使える中型種だ。本種に限らず同
属全般で、高水温や古い水など悪条件が重なると、葉が茶色
や黒になり枯れるシダ病と呼ばれる症状を見せる。一度この
症状が現れると続々と広がるため、早めの対処が必要となる

ミクロソルム・'リンクルリーフ'

Microsorum pteropus 'Wrinkled Leaf'

ウラボシ科 ／ 分布：インド
光量：□　CO₂量：●　底床：▲ ▲

同じインド便で来るグリーンノームとは違い、葉先が鋭角に先
細りになっている。名前通りシワのある葉が特徴。サイズを別
にすればノーマル種と近い形。流木や石に活着させると、移
動の際に便利。例えば、周りの有茎が茂って水の流れが悪く
なったときに、活着させてあれば簡単に動かすことができる。
少しでも水の通りがよく、光がよく当たる場所に移動したい

の水草カタログ

例えば、器具類で覆われない水面が見えるオープン水槽では、浮草などがレイアウト
素材になりうる。既存のスタイルにとらわれることなく、水草自体の持つ魅力を引き
出すことができれば、新しいレイアウトを生み出すことも可能だ

掲載水草 30 種類：471 ～ 500 / 500 種

ルドウィギア・セディオイデス

Ludwigia sedioides

アカバナ科
別名：コビトヒメビシ、ウォーターダイヤ
分布：中米、南米
光量：□□　CO_2 量：－　底床：▲

別名からも分かるように、菱によく似た形態をし
ている風変わりなルドウィギア。1cm ほどの浮葉
を多数付け、直径は 10 ～ 15cm になる。緑から
濃い赤色で実に装飾的。水槽栽培ではメタハラの
ような強力な照明器具が必要で、できればさらに
強い光が欲しい。屋外で太陽光線による栽培がベ
スト。栄養分が豊富であれば、よく目立つ黄色の
花を観賞することもできる

ヒメウキクサ

Landoltia punctata

サトイモ科　／　分布：日本、東アジア、南半球
光量：□　CO_2 量：－　底床：▲ ▲

ウキクサの仲間の葉のように見えるものは、葉と茎が形を変
えた葉状体である。光沢と色のある葉状体は観賞価値があり、
うまく数をコントロールできればテラリウムなどでも楽しめる

アオウキクサ

Lemna aoukikusa

サトイモ科　／　分布：日本
光量：□　CO_2 量：－　底床：▲ ▲

水田などで見かける日本固有の浮遊植物。暖かく明るい栄養
豊富な環境を好み、水槽でも容易に増殖、爆発的に殖えるこ
とも。一年生で種子で越冬し、春過ぎに発芽する

コウキクサ

Lemna minor

サトイモ科
分布：日本、世界各地（南米大陸を除く）
光量：□　CO$_2$量：－　底床：▲ ▲

葉状体は広楕円形で、左右の形は対称。やや厚みがあるのが特徴的。根は1本で先端は丸く、付け根にアオウキクサにある翼がない。常緑性で冬も枯れず葉状体のまま年を越す

ヒナウキクサ

Lemna minuta

サトイモ科
分布：南米（日本、東アジア、ヨーロッパに帰化）
光量：□　CO^{2}量：－　底床：▲ ▲

寒さに強く葉状体のまま冬を越す。旺盛な生長力と、そのサイズのため完全に取り除くのが難しいが、余分な養分を吸収したり、過度な強光を遮る役割として重宝することも

ヒンジモ

Lemna trisulca

サトイモ科
分布：日本、世界各地（南米大陸を除く）
光量：□□　CO^{2}量：●　底床：▲ ▲

沈水性の浮遊植物。葉状体は名前の由来通り「品」の字の形で、透明感があり同属のなかでは異彩を放つ。水槽栽培が容易な部類で、CO$_2$の添加、高光量、ソイルの使用が有効

ウキクサ

Spirodela polyrhiza

サトイモ科
分布：日本、世界各地（南米とニュージーランドを除く）
光量：□　CO^{2}量：－　底床：▲ ▲

葉状体の長さ3〜10mm、幅2〜8mmと大きくよく目立つ。照りのある葉は観賞価値が高く、量の調整もしやすく扱いやすい。多年生で屋外の水鉢で容易に栽培、増殖が可能

ミジンコウキクサ

Wolffia globosa

サトイモ科
分布：日本、世界各地（帰化含む）
光量：☐　CO²量：ー　底床：▲ ▲

1mmにも満たない微小な浮遊植物。根はない。世界最小の
種子植物で、花も世界最小とされるが、肉眼では確認はでき
ない。水草水槽での栽培は意外と難しく、屋外での水鉢向き

ウォーターポピー

Hydrocleys nymphoides

オモダカ科　／　別名：ミズヒナゲシ
分布：中米、南米
光量：☐☐　CO2量：ー　底床：▲ ▲

葉は観賞価値が高く、水鉢やオープン水槽で楽しめ、水面か
ら10cmほど花柄を伸ばし黄色い3弁花を咲かせる。主に栄
養繁殖で増殖。深い鉢では越冬する年もあるので屋外への逸
出に注意

アマゾンフロッグビット 🔖

Limnobium laevigatum

トチカガミ科　／　別名：アマゾントチカガミ
分布：南米
光量：☐☐　CO2量：ー　底床：▲ ▲

葉裏がスポンジ状に膨れ浮く浮遊植物。条件が合うと、ラン
ナーを伸ばしてよく殖える。産地違いで虎斑が顕著の小型種
もある。生態系への被害を防止するためにも屋外への逸出に
注意

ストラティオテス・アロイデス

Stratiotes aloides

トチカガミ科　／　分布：ヨーロッパ
光量：☐☐　CO2量：ー　底床：▲ ▲

夏は水面まで上がるが、冬は底に沈み越冬する。約4800万
年前の化石からも見つかっており、生態的にも興味深い点の多
い珍奇植物。名前通りアロエを連想させる硬い葉は鋭い鋸歯を
持ち、観賞価値の高いスタイリッシュな姿だ。ヨーロッパでは
池や水鉢の定番だが、観葉水草として水槽での新しいアプロー
チも可能だろう。葉が刺さると痛いので取扱いは注意

ホテイアオイ・斑入り

Eichhornia crassipes 'Variegata'

ミズアオイ科　／　改良品種
光量：□□　CO₂量：－　底床：▲▲

ホテイアオイは南米原産の浮遊植物。高さは 10 ～ 80cm、
100cm を超えることも。葉身は 5 ～ 20cm、総状花序に 25 個
前後の花を付ける。葉柄の中部がふくれて浮嚢となり水に浮か
ぶ。浅瀬などで根を下ろした時や、過密状態になった時などは
この浮嚢が発達せず、背が高くなることも多い。斑入り葉は低
い温度の方が冴えやすい。屋外への逸出にはくれぐれも注意

ヒグロリザ・アリスタータ

Hygroryza aristata

イネ科　／　分布：インド、スリランカ、タイ、中国南部
光量：□□　CO₂量：－　底床：▲▲

ウキシバやウキガヤなど、日本でも浮葉で見られるイネ科植
物は何種類もあるが、本種は葉鞘がスポンジ状に膨らみ浮き
やすくなっており浮葉生活に特化した種類。緑白色の葉は長
さ 4 ～ 7cm、幅 1.5 ～ 3cm で、ざらつきがあり水をはじき
やすい構造。一時的であれば沈水化もできるが、すぐに稈（か
ん）を伸ばし水面に出てしまう。育成には強光が絶対条件

マツモ

Ceratophyllum demersum

マツモ科　／　分布：世界に広く分布
光量：□　CO₂量：●　底床：▲▲

根がなく、水面下を浮遊して生活する沈水性の浮遊植物。茎
は分枝しながら、長い時には 1m 以上に。葉は 6 ～ 12 輪生し、
長さ 2 ～ 3.5cm、線状の裂片が 1 ～ 2 回二又に分かれる。裂
片の縁にはよく目立つ鋸歯が付く。特別な設備がなくても育
つ強健種で初心者向き。生長が早いので、セット初期のソイ
ル水槽で余分な栄養分を吸収させ、コケ予防に使うのもよい

メキシコマツモ

Ceratophyllum demersum 'Mexico'

マツモ科　／　分布：メキシコ
光量：□　CO₂量：●　底床：▲▲

葉は 7 ～ 11 輪生し、長さ 3 ～ 4cm。本種以外、例えば日本
産のものでも茎が赤くなることはあるが、本種は常に茎が赤
いのが特徴。緑色が濃いめの葉色とよく似合い、水槽での観
賞価値は高い。基本的な育成条件は一般的なマツモに準じる。
アルカリ性ではゴワゴワと硬く、酸性では柔らかく育つ。現
地では食用の養殖ティラピアの餌に使われているという

ケラトフィラム・スブメルスム

Ceratophyllum submersum

マツモ科 ／ 分布：世界に広く分布
光量：□ CO₂量：● 底床：▲▲

マツモに似るが、本種では裂片が 3〜4 回、二又に分かれる
点が大きな違い。葉の先端の数を比較してみると、マツモが
3〜4 なのに対し、本種は 6〜8。鋸歯が目立たないことも
あり、ふんわりと柔らかい筆のような印象が特徴的で、海外
ではソフトホーンワートと呼ぶこともある。ドイツ産やペル
ー産が流通し、サイズや形、色などは産地によって異なる

ミズオジギソウ

Neptunia oleracea

マメ科 ／ 分布：(アメリカ南部とメキシコ？)
光量：□□ CO₂量：− 底床：▲▲

茎のまわりに白いスポンジ状の浮き袋が付き、1〜1.5m まで
育つ浮葉性植物。羽状複葉を形成し、長楕円形の小葉を 8〜
18 対付ける。小葉は長さ 0.4〜1.8cm、幅 3mm。就眠運動
を行なう。花は球形の頭状花序で黄色。若い芽や茎を食用と
して利用するため東南アジアでは広く栽培されている。おじぎ
草に似た見た目のおもしろさから、水面のアクセントに人気

フィランタス・フルイタンス

Phyllanthus fluitans

コミカンソウ科
分布：中南米
光量：□□ CO₂量：− 底床：▲▲

同科では非常に珍しい水生植物で浮遊性。葉は円形で 1〜
2cm。緑から黄、オレンジ、茶、赤と、葉色の変化は大きい。
色のある浮草として貴重な存在。夏場は屋外でよく育つ。た
だし、いきなり直射に当てると葉焼けして枯れてしまうので、
日陰から徐々に慣らすとよい。低温と湿度が高い環境は好ま
ないので注意。適温は 25〜28℃。弱酸性の水質を好む

ルドウィギア・ヘルミントリザ

Ludwigia helminthorrhiza

アカバナ科 ／ 別名：南米フローティングルド
分布：メキシコからパラグアイ
光量：□□ CO₂量：− 底床：▲▲

浮遊性でスポンジ状の浮根を形成し、葉脈の目立たない丸い
葉を密に付ける。浮根は最大で 2cm ほどになり、白くて目立
ちよいアクセントに。浅瀬ではやや木質化した茎で這うように
伸びることも。育成には高光量はもちろん、水温と気温の高さ
も重要。夏は生長がよくなる。オープン水槽で流木などに絡め
動かないよう固定すると、南米の水辺の雰囲気が演出できる

ムジナモ

Aldrovanda vesiculosa

モウセンゴケ科
分布：日本、ユーラシア、アフリカ、オーストラリア
光量：□　CO₂量：●　底床：▲

タヌキモと同じ沈水性で浮遊性の水生食虫植物。名前も似ているが分類上は別のモウセンゴケ科にあたる。茎は長さ5〜25cm。捕虫器官になった葉を6から9個輪生させる。葉は葉柄も含め9〜13mm。水鉢栽培のほか、水槽では弱酸性、強光、CO₂の添加、施肥でよく育つ。環境が合っていると盛んに増殖を繰り返す。マスコット的に浮かべているだけでも楽しい

イヌタヌキモ

Utricularia australis

タヌキモ科　／　分布：日本、アジア、アフリカ、オーストラリア、ヨーロッパ
光量：□　CO₂量：●　底床：▲

世界に広く分布する水生の食虫植物。日本でも全国的に分布があり見る機会は多い。浮遊性で全長1mに達する。葉の長さは1.5〜4.5cm、虫を捕らえる器官である捕虫嚢を葉に多数付ける。花の距は短く鈍頭。花茎の断面は中実。越冬の際に形成する殖芽は長楕円形で黒に近い暗褐色。タヌキモの仲間のなかでは育成は容易で、水槽でも水鉢でも長く楽しめる

オオタヌキモ

Utricularia macrorhiza

タヌキモ科　／　分布：日本、温帯アジア東部、北米
光量：□　CO₂量：●　底床：▲

北方系の大型タヌキモで全長は1m以上、葉は長さ3〜6cm、捕虫嚢は多数付く。花の距は長く鋭頭で先端はやや上を向く。花茎の断面は直径の半分に近いはっきりとした穴がある。この中空の花茎と花の距で近似種との区別は容易。殖芽は球形から楕円形で暗緑色。ヒーターを使って25℃以上に保温した水槽でも栽培は可能。葉色が薄くなった際は液肥が有効

ヒメタヌキモ

Utricularia minor

タヌキモ科　／　分布：日本、北半球の温帯から亜寒帯
光量：□　CO₂量：●　底床：▲

学名通りの小型種で、茎の長さ5〜30cm、葉の長さ5〜15mm。水中に浮遊または水底に固着。タヌキモ類は根を持たないので、固着する場合は、地中に伸びる地中茎が活躍。水中茎には小さく目立たない捕虫嚢がまばらに付く程度で、地中茎に大きな捕虫嚢を多数付ける。栽培の際は地中茎の有無がポイントに。水中茎だけでは次第に弱ることが多い

タヌキモ・オクロレウカ

Utricularia ochroleuca

タヌキモ科 ／ 分布：日本、北半球の温帯から亜寒帯
光量：□ CO2量：● 底床：▲

コタヌキモに酷似するが、水中茎の葉に少数の捕虫嚢が見られること（コタヌキモにはない）と、葉裂片の先端が鋭頭（コタヌキモは鈍頭）であることで区別が可能。コタヌキモよりも淡い色の黄花を咲かせ、不稔で果実も種子も形成しない。写真は外国産のものだが、小型タヌキモのなかではもっとも育て易い。地中茎を伸ばしながら美しい水中葉を展開していく

ウォーターファン

Ceratopteris pteridoides

イノモトソウ科 ／ 分布：南米、中米
光量：□ CO2量：－ 底床：▲▲

大型の浮遊性植物。光、水温の許容範囲が広く育成は容易である。長さ1～19cmの葉柄の先に長さ5～19cm、幅5～24cmの栄養葉を付ける。葉は三出掌状複葉、小葉は浅く裂ける。胞子葉はさらに大きくなり、属名の由来になった鹿の角を容易に想像させる姿となり見応えがある。土を適湿のまま保つと湿生植物としても栽培が可能。無性芽を多く付け増殖は容易

サルビニア・ククラータ

Salvinia cucullata

サンショウモ科 ／ 別名：ナンゴクサンショウモ
分布：熱帯アジア
光量：□□ CO2量：－ 底床：▲▲

浮遊性のシダ植物。茎は水平に伸びて分枝し、根はない。葉の表面には毛状突起、裏面には多細胞毛があり水面に浮かぶ。根のような形になる水中葉が養分を吸収。浮葉は漏斗状に巻かれた形状で連なり特徴的な姿になる。ただし、室内の弱光下で栽培すると、オオサンショウモ同様葉は広がり矮小化してしまう。強光を用意できれば目を惹く姿を楽しめる

オオサンショウモ

Salvinia molesta

サンショウモ科
分布：南米（世界各地の熱帯～亜熱帯地域で帰化）
光量：□□ CO2量：－ 底床：▲▲

茎は長さ5～20cm。葉は長さ20～30mm、幅20～25cm。内側に2つ折りになっている大型の状態と、葉が広がっている小型の状態では、まるで別種のように見えるほど異なった姿を見せる。秋になると根のような形になる水中葉の基部から、ブドウの房のような胞子嚢群を下げる。テラリウムのアクセントの他、グーラミィやベタの産卵床の基質としても利用される

サンショウモ

Salvinia natans

サンショウモ科
分布：日本、アジア、ヨーロッパ、アフリカ
光量：□□　CO$_2$量：－　底床：▲ ▲

茎は長さ3〜10cm。まばらに分枝。根はなく、3輪
生する葉の1枚が細裂し根のようになり水中に垂れ
る。残り2枚は対生し浮葉として水面に浮かぶ。数
列並ぶとサンショウの葉に似ることが名前の由来に。
1年生だが水を切らさないように注意すれば、水鉢な
どでも胞子で越冬し翌春発芽する。胞子は水中に浮
遊しているとされているので、水ごと流さないように
注意

サルビニア・オブロンギフォリア

Salvinia oblongifolia

サンショウモ科
分布：ブラジル東部
光量：□□　CO$_2$量：－　底床：▲ ▲

浮力の非常に強い葉は、1枚のサイズで長さ6cm、
幅2.5cmと大型。最長の50cmにまで伸びると、浮
草のイメージを超える迫力がある。沼などの水の動き
のない浅い場所に自生するため、高水温と富栄養を好
み、強い光を用意すると水槽でもよく育ってくれる。
大型水槽の奥から伸びていると、南米らしいワイルド
な雰囲気を楽しむことができるだろう

セイヨウマリモ

Aegagropila linnaei

アオミソウ科 ／ 別名：ヨーロッパマリモ
分布：ヨーロッパ、ロシア、アメリカ
光量：□　CO$_2$量：●　底床：▲

日本のマリモと同種で、ロシア産のものなどが海外
のファームから入荷する。直径2〜3cmのものから
5cmを超える大きなものまでサイズは様々。形がい
びつな時は、定期的に向きを変えて徐々に丸くなるよ
うに育てるとよい。きれいな水と適度な明るさがあれ
ば育成は可能。強光、CO$_2$添加のレイアウト水槽で
も利用できる。バラして石組に絡めて使う例もある

異形葉性【いけいようせい】
1個体の植物が2種類以上の異なった形や性質を持つ葉を付けている状態、または同種の植物が生育環境の違いによって葉形の変化を示すことを指す

栄養葉【えいようよう】
シダ類において胞子を付けず、光合成する葉

改良品種【かいりょうひんしゅ】
最初は小さな変異から作り出された、人に役立つ新たな性質を持った種

学名【がくめい】
ラテン語で記載される世界共通の名前。属と種、命名者で表される（本書では命名者は省略してある）

花茎【かけい】
地表面から伸びて先に花や花序を頂生し、それ自体普通葉を付けない茎

活着【かっちゃく】
本来は固着といい、根などで物にしっかり定着すること

花柄【かへい】
ひとつの花を支える柄状の部分

稈【かん】
イネ科植物の茎を指す。節間が中空で節に障壁がある茎のこと。カヤツリグサ科でも用いられるが、定義に当てはまらないので、本来は間違い

気中葉【きちゅうよう】
水草が水の外で生きるために付ける葉。普通の陸上の植物同様の発達のよい機械的組織を持つ

距【きょ】
花葉の基部が膨れるか伸長して盲管となり蜜を貯える部分

原種【げんしゅ】
品種を作り出す元になった野生の植物

交雑種【こうざつしゅ】
遺伝子的に異なる個体同士の交配で生じた種。自然下や人工的にも行なわれる

根茎【こんけい】
地下にある球茎、塊茎などの特殊茎以外の普通茎のすべて

根生葉【こんせいよう】
あたかも地中の根から生ずるように見える葉で、正確には地上茎の基部の節に付いているもの。アクアリウム界ではロゼットと呼ばれるのが一般的だが、ロゼットは別の状態を指す言葉なので本来は間違い

CO2【しーおーつー】
二酸化炭素の化学式。植物が光合成をする際に必要だが、水槽内では不足するため、特に水草水槽では小型高圧ボンベを使った強制添加が行なわれるのが一般的

雌雄異株【しゆういかぶ】
単性花の植物で、雄花と雌花が別の株に付くこと

就眠運動【しゅうみんうんどう】
夜間に葉の基部より先端が上方に動き、全体では閉じた形になること

殖芽【しょくが】
形態的あるいは生理的に特殊化した栄養繁殖器官のこと。一般的には越冬器官にもなる。バナナプラントのバナナ状に見える部分がこれにあたる

穂状花序【すいじょうかじょ】
花は多数、無柄で花序軸にほぼ均等に付くもの

走出枝【そうしゅつし】
水平に地表を這って伸びる枝。横走枝ともいう。匍匐枝も含め、アクアリウム界ではランナーと呼ぶのが一般的

総状花序【そうじょうかじょ】
花は多数、有柄で花序軸にほぼ均等に付き、花柄の長さはほぼ等しいもの

組織培養苗【そしきばいようなえ】
組織培養の技術によって作られた苗のこと。寒天培地で栽培されるため、コケやスネール、病気の心配がなく、また環境負荷も少ないことから近年になって急速に普及し、人気が高まっている

対生【たいせい】
茎の1節に2個の葉が付く付き方。ディティプリスのように、上から見ると十字形に葉が付くものは十字対生という

地下茎【ちかけい】
地表面から下にある茎の総称。一般的な根茎の他、球茎、塊茎、鱗茎などがある

抽水形【ちゅうすいけい】
異形葉を作る水草が、根は水底にあり、葉柄や茎が水面より上に伸びた部分に付く、抽水葉を付けた状態

柱頭盤【ちゅうとうばん】
複合雌しべにおいて、複数の柱頭が合着して盤状になったもの

沈水植物【ちんすいしょくぶつ】
少なくとも茎や葉の全体が水面下にあり、根は水底に固着する植物

沈水葉【ちんすいよう】
水草が水の中で生きるために付ける特殊な葉。陸上の葉に比べ軟弱で、機械的組織の発達が悪い

頭状花序【とうじょうかじょ】
ホシクサ科など、花序軸の先に2個以上の無柄の花が付くもの

肉穂花序【にくすいかじょ】
花序軸が多肉質になるもので、ミズバショウの花の黄色い棒状の部分

斑【ふ】
同一色になる部分に、2色以上の色の違う小部分があって模様を作ること

仏炎苞【ぶつえんほう】
花序を覆う1枚の総苞葉。ミズバショウの花の白い部分

浮嚢【ふのう】
浮袋のことで、植物体の一部、葉柄の中央部などが膨れて多胞質になることによって浮きの働きをするもの

浮遊植物【ふゆうしょくぶつ】
根は水底に固着せず、植物体が水中や水面に浮遊する植物

浮葉【ふよう】
タイニムファやアマゾンフロッグビットなどが付ける、水面に浮かぶ葉。気孔は葉の表面にある

閉鎖花【へいさか】
つぼみのまま開かずに自家受粉して結実する花

胞子葉【ほうしよう】
シダ類において胞子を付ける葉

捕虫嚢【ほちゅうのう】
食虫植物において、虫を捕らえるように変態した葉が捕虫葉。それが嚢状に変態したもののことをいう。タヌキモでは葉に付く丸い粒状のもの

実生苗【みしょうなえ】
種子から生育された苗

無性芽【むせいが】
親の栄養体から分離して無性的に繁殖する細胞または小さな多細胞体のこと

有茎草【ゆうけいそう】
伸長した地上茎に葉を付けるものをアクアリウム界でこう呼ぶ

葉鞘【ようしょう】
ツユクサ科などに見られるもので、葉の基部で茎を巻くようになっている鞘状の部分。両縁が重ね合わさったものと、癒合して筒形になったものがある

葉状体【ようじょうたい】
茎葉の区別がなく、維管束を持たない植物体のこと

葉身【ようしん】
葉の本体で光合成を行なう主要部分

葉柄【ようへい】
葉身と茎をつなぎ、葉身を支える柄状の部分

葉脈【ようみゃく】
葉の表面に見える筋。葉の維管束

螺生【らせい】
茎の1節に1個の葉が付く様子を互生といい、多くの場合、葉の着点が茎のまわりに螺旋状に配列するのでこういう

輪生【りんせい】
茎の1節に2個以上の葉が付く付き方。3個付く場合は3輪生、4個付く場合は4輪生という具合にいわれる

おわりに

　水草の育成を始めたての頃はよく枯らしていたものだ。まあ、びっくりするくらい何を植えてもうまくいかない。くやしくてくやしくて躍起になって育てまくった。先生というものがいなかったので、一人でやるしかない。水草に関する本を片っ端から漁って読む。トライ＆エラーの日々。ちょっとうまくいくようになると、有頂天になって情熱の火がさらに灯る。調子にのって図鑑に載っているものをすべて育ててやろうと、さらに育てまくる。当然のごとく失敗しないわけはないので、お陰さまで枯らした数は日本トップクラスではないかと自負している。今回本書を作らないかと話を頂けたのもそのためだろうと、ひそかに思っている。

　失敗が活かされているといいのだが。さらに、それが少しでも読者のためになったのだとしたら、枯らしてしまった多くの水草に報いることができる。

　日本有数のしくじりを見抜き、白羽の矢をあててくれた山口氏、編集スタッフやこの本の制作のために携わっていただいたすべての方々、そしてもちろん、育てさせてくれたたくさんの水草に、大きな感謝を贈りたいと思う。

2020年10月　高城邦之

主要参考文献

アクアプランツ（2004-2018）エムピージェー.
和泉克雄（1968）水草のすべて. 緑書房.
岩槻邦男編（1992）日本の野生植物 シダ. 平凡社.
岩月善之助（2001）日本の野生植物 コケ. 平凡社.
加藤宣幸（2014）育ててみたい美しいスイレン. 家の光協会.
角野康郎（1994）日本水草図鑑. 文一総合出版.
角野康郎.（2014）ネイチャーガイド 日本の水草. 文一総合出版.
季刊アクア エントゥ. シーゲル.
月刊アクアライフ. エムピージェー.
ゲルハルト ブリュンナー・ペーター ベック（1981）美しい水草の育て方. ワーナー・ランバート
滋賀の理科教材研究委員会編（1989）滋賀の水草・図解ハンドブック. 新学社.
清水建美（2001）図説 植物用語辞典. 八坂書房.
谷城勝弘, 2007. カヤツリグサ科入門図鑑. 全国農村教育協会.
浜島繁隆・須賀瑛文（2005）ため池と水田の生き物図鑑 植物編. トンボ出版.
林春吉（2009）台湾水生與湿地植物生態大圖鑑. 天下文化.
堀田満（1973）水辺の植物. 保育社.
山崎美津夫（1978）水草の世界. 緑書房.
山崎美津夫・山田洋（1994）世界の水草. ハロウ出版社.
吉野敏（1991）水草の楽しみ方. 緑書房.
吉野敏（2005）世界の水草728種図鑑. エムピージェー.
李松柏（2007）台湾水生植物圖鑑. 晨星出版.
堀田満（1973）水辺の植物. 保育社
陳耀東・馬欣堂・他（編著）（2012）中国水生植物. 河南科学技術出版社.

AQUARIUM PLANT CATALOGUE. Oriental Aquarium (S) Pte Ltd
AQUARIUM PLANTS FROM THE COMPANY OF KAREL RATAJ.
Aquarium plants. aquaflora aquarium b.v.
C.D.K. Cook（1974）Water plants of the World. The Hague
Davide Donati. Catalogo generale Catalog. Anubias
Eu Tian Han(2002)The Aquarium plant Handbook. Oriental Aquarium (S) Pte Ltd
G. R. Sainty and S. W. L. Jacobs（1994）Waterplants in Australia. CSIRO
H. C. D. de Wit（1990）Aquarienpflanzen. Ulmer
H.W.E. van Bruggen（1990）Aqua-Planta Sonderheft 2 Die Gattung Aponogeton (Aponogetonaceae). VDA-Arbeitskreises Wasserpflanzen
Hans Lilge（1993）System for a Problem-free Aquarium Dennerle Nature Aquaristic. Dennerle GmbH
Karel Rataj and Thomas j. Horeman（1977）AQUARIUM PLANTS. T.F.H. Publications
Karel Rataj（2004）Odrůdy Echinodorú
Kasselmann, Christel（2010）Aquarienpflanzen. 3rd edition. DATZ Aquarienbuch, Ulmer Verlag.
Marian Ørgaard・H.W.E. van Bruggen・P. J. van der Vlugt（1992）Aqua-Planta Sonderheft 3 Die Familie Cabombaceae(Cabomba und Brasenia). VDA-Arbeitskreises Wasserpflanzen
Niels Jacobsen（1979）Aquarium Plants. Blandford Press.
Stefan Hummel（2012）Aquarium plants. Dennerle GmbH
Tem Smitinand・Kai Larsen（1990）Flora of Thailand: Scrophulariaceae Vol.5 part 2. Chutima Press.
TROPICA AQUARIUM PLANTS. Tropica Aquarium Plants

GREEN MANNERS
グリーン・マナー

緑、未来。

植物の環境流出を防ぐ意識が、
身近な美しい自然を守ることに繋がります。

植物の環境流出を防ぎましょう。環境影響への意識を持ちましょう。

Aquarium shop EARTH

アクアリウムショップ アース

水草のことならお任せください

レイアウトに使える状態の良い水草を中心に、テラリウム・パルダリウム用の植物や
苔も豊富に取り揃えております。900サイズのアクアテラリウム水槽も是非ご堪能ください。
店内のボトルアクアリウムやボトルテラリウムはそのまま販売しています。
珍カラなど、水草水槽に合う小型美魚も豊富です。

https://www.earth-y2011.com　SEARCH

Aquarium shop EARTH

〒158-0083 東京都世田谷区奥沢1-52-3
営業時間／10：00〜21：00
定 休 日／火曜日
アクセス／東急目黒線「奥沢」駅より徒歩5分

動物取扱業　取扱責任者：日向 慧　種別：販売　登録番号：第003651
登録年月日：H19.6.2　有効期限：R3.6.11

ADA
NATURE
AQUARIUM
200
ITEM SHOP

30
ITEM SHOP

著者紹介

高城邦之 Kuniyuki Takagi

1972年生まれ。28年間の観賞魚店勤務を経て、2021年に水草専門店 water plants lover をオープン。ワイルド物から改良品種にいたるまで、興味の範囲は幅広く、水草の種類を問うことはない。国内外のフィールドにも訪れ、水草と湿生植物の観察、研究を行なっている。水草関連の蔵書は多数。本誌では水草の解説の他、撮影も担当。月刊アクアライフ、年刊アクアプランツなどの専門誌に水草関連の記事を多数寄稿。著書には「AQUA COLLECTION Vol.3 Water Plants (White Crane)」(タイでのみ出版)、「水草カタログ」(観賞魚ミニブックシリーズ3 水作)、「かんたんきれい はじめての水草」「水草レイアウト制作ノート2」(共著、ともにエムピージェー)がある。
https://waterplantslover.shopinfo.jp/

STAFF

発行人	清水 晃
編集	山口正吾
編集・写真協力	大美賀 隆（前書）
校正	猿子 碧
広告	位飼孝之、柿沼 功、伊藤史彦
販売	鈴木一也
撮影	石渡俊晴、橋本直之
デザイン	スタジオB4
レイアウト制作協力	市橋康寛、太田 英里華、翁 昇、奥田英将、神田 亮、岸下雅光、佐藤雅一、志藤範行、角谷哲郎、武江春治、坪田 巧、轟 元気、中村晃司、新田美月、馬場美香、藤森 佑、船田光佑、丸山高広、森谷憲一、吉原将史
撮影協力	アクアテイク-E、アクアテイラーズ、アクアフォレスト、アクアライト、AQUARIUM SHOP Breath、アクアリンク、アクアレビュー、AQUA World パンタナル、An aquarium.、市ヶ谷フィッシュセンター、H2、ジャパンペットコミュニケーションズ、SENSUOUS、チャーム、トロピランド、パウパウアクアガーデン、ビオグラフィカ、リミックス、"Roots"、神畑養魚、クロコ、リオ
栽培器材写真協力	アクアデザインアマノ、ジェックス、デルフィス

本書は2019年1月に発行された雑誌「レイアウトに使える水草500種図鑑」に加筆修正を加え書籍として新たに発行したものです。

レイアウトに使える水草 500種図鑑
スタンダードからニューフェイスまで! レイアウター必携の一冊

2020年11月 1 日　初版発行
2022年11月20日　第3刷発行

発　行　　株式会社エムピージェー
〒221-0001
神奈川県横浜市神奈川区西寺尾2-7-10　太南ビル2F
TEL.045(439)0160　FAX.045(439)0161
http://www.mpj-aqualife.com
al@mpj-aqualife.co.jp
@AQUALIFE_MPJ(Twitter)

印　刷　　図書印刷

© Kuniyuki Takagi, MPJ 2020